JN439915

쓰다 달다

쓰다 달다

초판 1쇄 인쇄 2023년 09월 03일
지은이 수풍동인
(전혜경, 이수진, 서희정, 손병미, 이원환, 최석호)

펴낸이 이재욱(필명:이승훈)
펴낸곳 해드림출판사
주 소 서울 영등포구 경인로82길 3-4(문래동1가 39)
센터플러스빌딩 1004호(07371)
전 화 02-2612-5552
팩 스 02-2688-5568
E-mail jlee5059@hanmail.net

등록번호 제2013-000076
등록일자 2008년 9월 29일

ISBN 979-11-5634-555-8

수필풍경,

그 첫 번째 풍경

전혜경

이수진

서희정

손병미

이원환

최석호

해드림출판사

서문

헐렁함의 품격

수필은 헐렁한 문학이다. 헐렁한 멋이 있다. 여백이 있는 풍경화다. 어떤 재료로도 맛있게 요리할 수 있는 품이 넉넉한 그릇이다. '나'로 시작해 '우리'가 되는 과정, '우리'로 시작해 '나'를 살피는 수필은 한발 물러서서 보이는 삶의 풍경이다. 심연의 우물에서 혼자 긷는 독백이며 공감으로 소통하는 따뜻한 언어다. 헐렁함의 품격이다.

수풍동인隨風同人, 여기 살아가는 모습이 곧 '수필 풍경'인 여섯 사람이 모였다. 한국문인협회 평생교육원 이명지 수필창작반에서 함께 공부한 인연으로 동인을 결성하고 이번에 첫 책을 묶게 됐다.

화가 에곤 실레는 세상에는 훌륭한 사람도 많고, 앞으로 훌륭할 사람도 많겠지만, 나는 나의 훌륭한 점이 제일 마음에 든다. 고 했지만 나는 우리 낭만적 동반자인 수풍동인들이 제일 자랑스럽고 기대된다.

수풍동인들의 첫 책을 위해 흔쾌히 응원 글을 써주신 민혜 수필가님, 권대근 문학 평론가님, 공광규 시인님께 감사드린다.

-2023년 가을 수풍재隨風齋에서

이명지

차례

차례

이명지

초대 수필

삶이
내게 하려는
말이 무얼까?
그게 궁금해서
나는 글을 쓴다.

이명지

동국대학교 문예대학원 문예창작과 졸업(문학석사)
1993년 〈창작수필〉 등단.
제32회 동국문학상, 제6회 창작수필 문학상 수상.
수필집 『중년으로 살아내기』 『헤이, 하고 네가 나를 부를 때』 『육십, 뜨거워도 괜찮아』, 석사논문 〈전혜린 수필 연구〉.
한양대학교 R-CEO 과정 책임교수 역임.
현재, 한국문인협회 평생교육원 수필창작과 교수.
mjlee8978@hanmail.net

스승, 오창익을 만나다

수필가라는 이름을 달고 산 지 올해로 서른 해가 되었다. 93년 〈창작수필〉 봄호로 등단했으니 만 30년이다. 수필가 이름을 달고 한 10년쯤 되면 어디 가서 문인이라 무게 좀 잡아도 되는 줄 알았다. 20년쯤 되었을 때는 원로 흉내를 내며 기고만장할 때도 있었다. 그런데 30년이 되니 오히려 명함 내밀기가 쉽지 않다. 아니 더 어렵다. 30년이나 됐는데 이 정도? 할까 두려워지는 것이다.

그동안 낸 수필집이 세 권뿐이다. 생업에 전념하며 틈틈이 글을 쓰느라 다작이 어려웠다. 그래서 늘 꿈꾸었던 게 전업 작가로 살아보는 것이었는데, 3년 전 생업에서 은퇴하고서야 소망을 이뤄 전원에서 글을 쓰며 산다. 마당에서 햇살과 바람 속에

함부로 나를 내던지고 우두커니 앉아 거풍하는 시간, 꼬이고 헝클어진 생의 어느 부분과 마주하는 시간은 외로움조차 기껍다. 비틀어 짠 빨래를 탁탁 털어 바람결에 너는 느낌이랄까. 지나온 삶이 꾸덕꾸덕해지고 아픈 기억조차 감사로 차오른다. 나의 글쓰기는 이 빨래들에 푸우! 하고 한입 물을 내뿜어 두드리고 매만지는 다듬질 의식 같다.

첫 책 〈중년으로 살아내기〉를 등단 12년 만에야 내고, 두 번째 책 〈헤이, 하고 네가 나를 부를 때〉는 그 후 14년 만에야 냈다. 그런데 세 번째 책 〈육십, 뜨거워도 괜찮아〉는 은퇴 후 전원생활 1년 반 만에 집필, 출간했으니 전업 작가로 사는 소망을 이룬 셈인가.

수필을 만난 건 30대 초반이었다. 20대이던 신혼 초 명동에 있는 YWCA에서 박완서 선생님의 소설 창작 강의를 들었는데, 아이가 생기면서 꿈을 접고 살았다. 그 후 우연히 참가했던 지자체 백일장에서 산문부 차상을 받은 것이 계기가 되어 한국문인협회 아카데미(현, 평생교육원)에서 강의하고 계시던 오창익 교수님을 만났다. 혼자 끄적이는 것에 한계를 느끼다 찾아간 곳에서 오 교수님의 수필 강의를 만난 것이다. 시원했다. 글을 쓰려고 앉으면 늘 답답하고 막막하기만 했던 가슴이 비로소 길을 찾은 기분이랄까. 누에고치에서 실마리를 낚아채듯 이야기의 물꼬를 터주었고, 내 삶의 이야기를 어떻게 수필 문학으로 승화

시키는지를 쉽고 명쾌하게 알려 주셨다. 그것이 우리나라 수필 이론의 권위자이자 수필학 박사인 '오창익 수필론'의 핵심이란 것을 나중에야 알게 되었다.

그로부터 30여 년이 지난 지금, 나는 스승을 만났던 그 '한국문인협회 평생교육원'에서 내가 배웠던 스승의 이론을 토대로 수필창작 강의를 하고 있다. 스승이 내게 자랑이듯이, 제자도 스승의 자랑이어야겠다는 소명을 품고 스승의 이론을 계승하고, 발전시켜보려는 노력을 하고 있다. 스승의 그림자라도 좇아갈 수 있다면 더없는 영광이리라.

어느 날 갑자기 핀 꽃은 없다. 꽃씨가 제 살을 찢고 발아해 혼신으로 물을 끌어올려 줄기를 만들고 잎을 키우고, 모양을 만들고 색을 입힌 뒤에야 꽃이란 이름으로 존재를 드러낸다. 어느 시인이 '꽃은 스스로를 축복한 결과'라고 했다. 사람들은 꽃을 보면서 그저 예쁘다고 할 뿐 얼마나 애썼니? 하지 않는다. 하지만 꽃은 아름답다는 말 한마디면 충분하다. 문학도 그렇다. 작가는 작품으로 말한다. 작품도 어느 날 갑자기 만들어지는 것은 없다. 삶이라는 토양에서 길러낸 줄기며 잎이며 꽃이다. 스스로를 축복하고 응원한 결과이며, 울음으로 피워낸 꽃일 때가 더 많다.

나의 배경은 총천연색이다. 컬러 TV가 처음 나왔을 때 같은 빛깔을 닮은 색. 나는 약간 촌스러운 이 빛깔을 엔틱이라 부른다. 청보리밭에 물결치는 초록, 사과꽃 벙그는 과수원의 유황 냄새, 모내기한 들판에서 들려오는 개구리 떼창, 마당에 쏟아지는 여름 햇살, 바지랑대 사이로 펄럭이던 새하얀 이불 홑청 같은 색.

나는 시골에서 자랐다. 초록 배경은 내 문학의 보고다. 6남매 막내인 내가 초등학교 5학년 때 큰오빠가 장가를 갔는데 올케언니가 초등학교 선생님이었다. 나는 언니를 무척 따랐다. 덕분에 내 초등학교 시절은 읽을거리로 유복했다. 언니는 내게 매달 〈어깨동무〉를 사 주었고, 중학생이 되자 〈여학생〉, 여고생이 되면서는 〈학원〉을 구독시켜 주었다. 이런 잡지들은 책 읽는 것에 맛 들이게 했고 지적 허영도 갖게 했다.

나의 문학적 르네상스는 중2에서 3학년으로 넘어가는 겨울방학 때였던 것 같다. 언니가 시집오면서 가지고 온 두툼한 한국문학 전집을 이때 거의 읽어낸 것이다. 심훈 이광수 김동인 김동리 박화성 최정희…. 나는 아직도 그때의 감동과 문학적 정서가 핏속에 생생히 흐르고 있는 느낌을 받는다. 감수성이란 게 폭발하던 사춘기, 그때 읽은 책들이 나의 빛깔이 되었고, 창작 역량이 되었고, 내가 걸어갈 길이 되었다. 한 치 망설임 없이 대학과 대학원에서 국문과와 문예창작과를 선택하게 되었으니. 지금 생각해 보면 알량한 사춘기 감수성이었지만, 그 후 어떤 책도 그때만큼의 감동과 영향을 준 일이 없는 것 같다. 나의 문학적 정서를 형성한 DNA가 되었다고나 할까? 그래서인지 나는 서양 문학보다 한국문학이 좋다. 나의 등단 작품이 '사물놀이'인 것도 이와 무관하지 않으리라.

어느 날 남산에 있는 국립극장에서 김덕수 사물놀이패가 '세계 타악기 페스티벌'에 참가한 연주 실황을 보게 되었는데, 그 사물의 소리가 내 온몸을 두드리는 것 같았다. 존재를 두드리고, 흔들고, 깨우는 것 같았다. 눈물을 줄줄 흘리고 있는 나를 발견한 건 연주가 끝난 다음이었다.

나는 그때 고향의 소리를 들었던 것 같다. 설이 지난 정월 대보름 무렵이면 우리 마을에는 농한기 세시 풍습이 있었다. 풍년을 기원하는 지신밟기, 줄다리기, 척사대회라고 불리는 윷놀이가 그것이다. 이때 반드시 등장하는 것이 꽹과리, 징, 장구, 북의 사물놀이다. 지신밟기는 마을 청년들이 사물을 치며 집집마다 돌아다니며 부정한 기운을 몰아내는 의식이고, 줄다리기는 짚으로 굵은 동아줄을 엮어 마을 가운데 선을 그어 아랫마을, 윗마을 사람으로 나뉘어 힘겨루기를 하는 것이다. 이 동아줄은 며칠에 걸쳐 엮는데 잘 끊어지지 않는 비법을 가진 장년이나 노인들이 새끼를 꼬아 만들었다. 영차영차! 줄다리의 함성은 사물놀이패의 응원과 함께 마을을 우렁우렁 살아 숨 쉬게 했다.

축제의 절정은 척사대회다. 여인들이 주인공이 된다. 곱게 한복으로 단장한 여인들이 허리끈으로 단단히 치마를 여미고 일

전을 불사하겠다는 태세로 임한다. 이때 걸린 상품은 대개 양은 대야나 플라스틱 바가지이지만, 어느 해는 '척사대회 우승'이라고 써진 괘종시계가 상품으로 나오기도 한다. 마당에 걸린 가마솥에는 돼지국밥이 펄펄 끓는데, 이 냄새는 세상 어떤 호사스런 음식보다 입맛을 돋운다. 동네 꼬마들은 덩달아 신이 나 온 동네를 펄쩍펄쩍 뛰어다니고, 어른들의 웃음소리는 마을을 가득 채웠다. 평화로웠다. 축제는 사흘에 걸쳐 펼쳐진다. 학교에서 돌아오는 길, 마을이 보이기도 전 아득히 쇠 치는 소리가 먼저 들리면 어느새 가슴이 벌렁거리고 발걸음은 이미 뛰기 시작하는 것이다. 나는 김덕수 사물놀이에서 그때의 소리를 들었다. 가슴 뛰고 설레고 행복했던 그 시절 고향의 소리를….

나는 서초동 국립국악원 자료실로 달려가 사물놀이에 대한 자료를 뒤지기 시작했다. 막연히 소리로, 풍경으로 있던 사물놀이의 실체에 대해 제대로 알아보고 싶었다. 사물의 무엇이 내 영혼을 두드리고 흔드는지 알고 싶었다. 거기서 나는 사물이 세상을 제도하려는 불교 의식의 방편이라는 것을 처음 알게 되었다. 불교에서는 사물을 법고, 목어, 운판, 범종이라 하는데, 법고는 육지 중생을 깨우고, 목어는 물속, 운판은 허공, 범종은 지옥 중생을 깨우기 위해 두드린다는 것이다. 이 이야기를 쓴 '사물놀이'가 등단작이 되었다.

어린 시절 각인된 우리 정서의 문양이 스승 오창익을 만나 수필가라는 이름을 다는 시작점이 됐다. 조선일보 신춘문예 소설로 데뷔한 스승이 한국일보 신춘문예 수필에도 당선하며 평생 수필 강의와 수필가로 살아온 자신의 삶에서 수필은 '재혼으로 만난 천생배필'이라 하였다. 내게 수필은 어떤 의미일까? 스승만큼 수필의 길을 걸어보면 이름 지어지려나? 오늘따라 구순을 앞둔 스승의 건강을 기원하는 마음이 더욱 간절해진다.

술 익을 때 더 그리운 당신

때리는 아버지와 다정한 아버지

육 남매에게 다 같은 부모는 아니었나 보다. 형제자매들이 모여 부모님을 추억하다 보면 다른 부분이 많다. 내가 기억하는 우리 부모님은 인자하고 다정한 분이다. 그런데 둘째 언니가 기억하는 엄마는 쌀쌀맞고 때로 매정한 엄마였고, 둘째 오빠가 기억하는 아버지는 인자했지만 때로 폭력적이고 무서운 아버지였단다. 나는 동의하기 어려운 기억이다. 같은 자식인데 기억 속의 부모님은 완전히 달라 무척 혼란스러웠다. 인간의 기억이란 자신의 생존에 유리한 쪽으로 왜곡되는 것이라는데, 그래서 추억은 아름다운 거라는데 내 기억의 오류일까? 언니 오빠의 기억 오류일까? 서운함과 그리움이 동시에 저장된 건 무어라 정의할 수 있을까?

오해하지 마시라. 우리는 같은 부모에게서 나고 자라고, 부모님의 마지막까지 화목하게 배웅한 형제자매들이다. 아들 셋, 딸 셋, 육 남매 중 가장 부지런하고 억척스러운 사람은 둘째 언니와 둘째 오빠다. 어느 집이나 가운데 형제들이 아래위로 치어 억척스러워진다는데 우리 집도 그랬다. 맏이는 맏이여서 대우받았고, 막내는 막내여서 사랑받았다.

둘째 언니의 기억에 엄마는 자신에게 집안일을 가장 많이 시킨 야속한 엄마다. 엄마가 아프면 늘 자신이 가족들의 밥을 지었고 힘들고 궂은일은 자기가 제일 많이 했다고 한다. 하지만 누가 시키지 않아도 스스로 그 일들을 감당할 때가 많았는데, 칭찬받는 게 좋았다고 실토하기도 했다. 제일 서러웠던 건 엄동설한에 아침밥을 하라며 옆에서 자고 있는 자기를 엄마가 발로 툭툭 차 깨웠다는 것이다. 그때는 정말 엄마가 계모인 것 같더라는 얘기를 할 땐 지금도 씩씩댄다.

둘째 오빠는 아버지에게 작대기로 얻어맞기도 많이 했다며 자기에게 아버지는 엄하고 무서운 아버지라고 했다. 소를 먹이러 산에 갔다가 친구들과 노는데 정신이 팔려 소를 잃어버리는 바람에 소가 남의 집 콩밭을 결딴내 혼난 얘기며, 아버지가 매를 들면 삼십육계 줄행랑치다가 양은 세숫대야를 밟아 미끄러져 팔이 부러진 얘기를 하며 껄껄 웃곤 하는데, 그다 원망스러워 하는 것 같지는 않다. 형제 중 유난히 고집 세고 번지러웠던 오빠의 기억이다. 그래도 후일 형제 중 제일 경제력도 좋고 부모님에게도 가장 효도한 자식이 이 둘째 오빠와 둘째 언니였으니 진심으로 서운하진 않았었나 보다.

나는 육 남매 중 막내로 자랐다. 엄마는 쌀쌀한 구석이 없지 않아 막내인 내게도 가슴 한번 더듬을 품을 내주지 않았다. 몸이 허약했던 어머니는 찬 바람이 불면 앓아누워 봄에 따뜻한 기운이 돌아와야 일어나곤 했다. 그때는 언니뿐만 아니라, 온 식구가 어머니 수발 꾼이 되어야 했다. 아마도 손이 제일 야무지고 믿음직했던 둘째 언니가 그 몫을 많이 감당한 듯하다. 엄마는 늘 자기 몸이 아프니 자식들을 끌어안고 비비는 일이 좀체 없었다. 어쩌다 젖가슴을 탐할라치면 야멸차게 그 손을 털어내곤 해 막내인 내게도 서운함으로 남아 있긴 하다. 대신 우리에겐 아버지의 젖꼭지가 있었다. 언니들과 나는 서로 안방에서 자는 걸 좋아했는데 젖무덤을 안 내주는 엄마 대신 아버지 젖꼭지를 만지며 잤다. 세 딸이 돌아가며 성가시게 했는데도 아버지는 한 번도 귀찮아하거나 역정을 내는 걸 본 적이 없다.

내게 아버지는 한없이 인자하고 다정한 아버지다. 오빠들은 아버지한테 매를 맞았다는데 나는 아버지에게 꿀밤 한번 맞아

본 일도 없었다. 아버지는 동네 아이들에게도 최고 인기 할아버지였다. 외출하다가 동네 아이들이 인사를 하면 "아이구 그 녀석 인사성도 밝구나!"라며 앞앞이 용돈을 주셨다. 그러니 아버지가 마을을 나서면 동네 아이들이 줄을 지어 인사를 하는 통에 걸음이 늦어지기 다반사였다. 그래도 아버지는 매번 아이들을 칭찬하며 머리를 쓰다듬어주셨다. 아버지가 우리에게 늘 당부하신 말씀도 "인사하고 뺨 맞는 법 없다." 였고 사람의 도리는 인사부터 시작된다고 강조하셨다.

농사꾼이었지만 아버지의 말씀 하나하나는 모두 논어에 기반하고 있었다는 걸 나는 여고생이 되고서야 알았다. 학교 도서관에서 우연히 논어를 접하게 되었는데 거기에서 우리 아버지가 평소 하시던 말씀을 많이 발견하게 된 것이다. 나는 종종 우리 아버지는 어떻게 저리 이치에 딱딱 맞는 말씀을 하실까? 싶었는데 그 말씀들이 논어에 고스란히 들어있는 게 아닌가. 마치 지혜의 보고를 발견한 양 논어에 흠뻑 빠져들었다. 그때부터 나는 논어를 옆구리에 끼고 외며 다녔다. 여고생이 공자왈 맹자왈 하고 다녔으니 이 풍경을 뭐라 해야 할까?

나를 논어에 빠지게 한 사건이 또 있었다. 우리 마을에 술만 먹으면 자기 부모에게 주먹을 휘두르는 패륜아가 있었는데 그 부모가 아버지를 찾아와 제발 자기 아들을 좀 꾸짖어 달라는 것이다. 그 청년은 자기 부모뿐 아니라 마을 사람들에게도 행패를 부려 모두가 꺼리는 청년이었다. 그런 망나니를 제 부모가 아버지께 부탁한 것이다.

어느 날 또 청년이 술을 마시고 행패를 부린다는 소식을 듣고 아버지가 그를 데려오라 하셨다. 참으로 놀라운 일이 벌어졌다. 그 청년이 순순히 우리 아버지 부름에 온 것도 신기했지만, 순한 양처럼 무릎을 딱 꿇고 아버지의 훈계를 얌전히 듣고 있었다는 사실이다.

아버지의 훈계 내용은 대강 이랬다. 부모는 너를 이 세상에 태어나게 해 준 사람들이다. 효도는 못 할망정 행패를 부려서야 되겠느냐. 저기 나무를 봐라. 나무는 가만히 있고 싶지만 저 바람이 그치지 않으니 고요할 수가 없지 않느냐. 늙으신 네 부모도 네가 봉양해 드릴 때까지 기다려주지 않는다. 그러니 때를 놓치고 후회하지 말아라.

마루에 앉아 아버지의 말씀을 듣고 있던, 아니 청년의 태도가 더 궁금했던 나는 아버지의 그 말씀에 내가 더 감동하고 있었는데, 그 말씀이 논어에 있었다.

樹欲靜風不止, 子欲養親不待 수욕정풍부지, 자욕양친부대

나무가 고요하고자 하나 바람이 그치지 아니하고,

자식이 효도하고자 하나 부모는 기다려주지 아니한다.

그 후 청년이 많이 달라졌다며 그 부친이 술병을 들고 아버지를 찾아오는 걸 보았고, 둘째 오빠의 친구이기도 한 그 청년이 우리 집에 놀러 오면 아버지도 마음을 다해 청년을 토닥여 주시는 걸 자주 보았다.

풍류가객 아버지는 〈조일관〉 단골손님

훤칠한 키에 풍채도 좋았던 풍류가객 아버지는 인기남인가 보았다. 아버지는 가끔 〈조일관〉에서 술을 마시고 돌아왔다. 골목 어귀에서부터 동네가 떠나가게 막내인 내 이름을 부르며 들어오시는 날은 조일관에서 한잔하고 오셨다는 걸 우리는 벌써 알았다. 기분이 좋은 것이다. 그런 날 엄마는 쌩하게 찬바람을 일으키며 "조일관 늙은이가 엉가이 잘해 주던 모양이지예!" 한다. 조일관의 그 여인을 나도 본 적이 있는데 어린 내 눈에는 엄마보다 훨씬 안 예뻤고 나이도 더 들었다. 그래도 '늙은이'는 아닌 것 같았는데 엄마는 꼭 그렇게 부르며 아버지에게 눈을 흘기곤 했다.

〈조일관〉은 요릿집 비슷한 곳이었는데 나름대로 모양새를 갖추고 있어서 막술 집은 아닌 듯했다. 지금 생각해 보면 아마도 퇴기가 하는 선술집 정도이지 않았을까 싶다. 학교를 오가는 신

작로에 있었기에 나는 가끔 아버지가 조일관에서 엄마가 말하는 그 '늙은이'의 수발을 받으며 약주를 하고 계시는 모습을 보았다. 그런데 신기한 것은 어머니가 한 번도 아버지의 조일관 출입을 제지하는 말을 들어보지 못했다는 것이다.

아버지는 조일관에서 아무리 맛있는 음식을 들고 오셔도 집에 와서 꼭 엄마의 밥상을 받고는 "이녁 음식 솜씨를 누가 따라올끼고!" 하며 찬사했다. 때로는 서슬 푸른 엄마의 투정에 한판 싸움이 벌어지지나 않을까 숨죽이고 있으면 어느새 도란도란 이야기꽃을 피우는 소리가 들리곤 했다. 귀가 시간이 야심해 어머니가 영 토라진 날은 자는 나를 깨워 밥상 앞에 앉히고선 눈 감고 앉은 아이에게 밥 한술 떠먹여 놓고 건넌방에 있는 식구들이 다 들릴 만큼 큰 소리로 "느그 엄마 음식 솜씨는 세상천지에 누구도 못 따라오겠제." 하셨다.

지금 생각해 보면 아버지는 배가 고파서가 아니라 찬사를 하기 위해 상을 받았던 것 같다. 어머니는 밤늦게 들어와 밥상을 차려내라는 아버지가 귀찮으면서도 자신의 위치에 대한 확고한 존재감과 사랑받고 있다는 믿음을 확인받고 싶었던가 보았다. 어머니의 음식 솜씨는 이웃 잔칫집에 불려갈 정도로 소문나긴 했지만, 아버지에게 인정받을 때 제일 기뻐하는 것 같았고 그런 마음이 자유로운 영혼을 가진 아버지의 풍류에도 크게 개의치 않을 여유가 되었던 모양이다.

어머니는 내게 너는 아버지를 많이 닮았다고 했다. 내가 생각하기에 소심한 구석이나 상처 잘 받는 여린 감수성은 당신을 꼭 빼닮았건만 어머니는 자꾸만 아버지를 닮았다 했다. 어머니는 나의 어느 부분에서 아버지를 보는 걸 좋아하는 듯했다. 아버지가 실제로 조일관 여인에게 마음을 주었는지 어땠는지는 모르겠다. 분명한 건 어머니의 애간장을 많이 태우긴 한 것 같았다.

어머니의 말대로 아버지를 닮았는지 나도 술을 좋아한다. 나이가 들어가면서 더 그렇다. 저녁 으스름 녘이면 따끈한 청주 한 잔에 뜨거운 어묵탕이 생각나고, 소주 반 잔에 맥주를 적당히 채운 소맥이 그리워진다. 근사한 레스토랑에서 와인 리스트를 정독하다 메를로 와인을 병으로 주문할 땐 행복하기까지 하다. 술맛은 역시 인생 맛을 좀 알 때가 제격이다. 굴곡진 인생사 없이 술맛을 어찌 알랴. 그래 나는 술친구들을 제일로 치지만 가끔은 혼자서 술을 마신다. 지금까지 꿋꿋하게 잘 버텨준 내가 대견할 때, 다시 일어선 내가 기특할 때 스스로 어깨를 토닥이며 잔을 채운다. 기껏해야 나의 주량은 와인 반병 수준, 술을 즐기는 정도다.

술을 놓고 사람과 만나는 법을 나는 일곱 살 때 아버지에게서 배웠다. 아버지는 진정한 애주가였다. 내 기억에 우리 집에는 언제나 술이 있었던 것 같다. 대개 엄마가 담근 동동주이거나 더러는 손님이 사 온 됫병의 백화수복 청주, 막소주가 있었다. 손님이 오시면 솜씨 좋은 엄마가 뚝딱 만들어내는 안주 맛에 나는 아버지 옆에 껌딱지처럼 붙어 앉아 안주를 축내곤 했다. 우리 집에는 손님이 많은 편이었다. 집에 술이 있으면 아버지가 동네 친구들은 집으로 부르기를 좋아하였고, 더러는 술 생각이 나거나 고민거리가 있는 사람들이 찾아와 아버지에게 조언을 청하기도 하는 것 같았다. 아버지는 그저 귀 기울여 들어주는 역할을 하고 있었을 뿐 딱히 해결 방도를 제시하거나 조언을 하는 것 같지는 않았다. 그런데도 신기하게 사람들은 마음이 후련해졌다며 돌아가고 다시 술병을 안고 찾아오곤 하였다. 그저 일개 농사꾼에 불과하였지만, 아버지는 같이 웃어주고 깊이 고개를 끄덕여주고, 같이 아파해주는 속 깊은 사람이었던 모양이다.

명절 때면 우리에게도 술 한 잔씩 따라 주고는 술은 어른에게 배워야 한다며 주도를 가르쳐 주곤 하였다. 일곱 살이 되던 정월 대보름날 저녁 연중행사로 먹는 고기 수육을 놓고 술상을 받으셨는데 어머니는 술을 못하였기에 막내인 내가 술상 맡에서 아버지의 술친구 노릇을 하게 되었다. 동동주에 사카린 한두 알을 넣으니 쌀알이 동동 뜨는 게 꼭 단술 같아서 홀짝홀짝 마시다 한 잔을 다 비워버렸다. 변소에 가려고 일어서는데 세상이 온통 빙글빙글 돌아 픽 쓰러지고 말았다. 결국 언니 등에 업혀 찬 바람을 쐬고 난리를 피운 끝에 진정이 되었지만 얼마나 혼쭐이 났는지 그날 이후 나는 술을 입에도 대지 않았다. 술이 자신의 의지와 상관없이 사람을 얼마나 우스꽝스럽게 만드는지 나는 일곱 살에 진즉 깨달았다.

다시 술을 마주하게 된 때는 세상이라는 저잣거리를 만나게 되면서부터이다. 사회생활 속에서 가장 흔한 것이 술자리인데 분위기에 어울리려다 보니 익숙해진 것도 있지만 술이 주는 소통의 흔쾌함과 따뜻함은 다른 것으로 대신하기 어렵다는 것을 느꼈기 때문이다. 애주가 아버지의 유전인자를 물려받았다면 그 소통의 인자도 물려받았기를 나는 소망했다. 오가는 술잔 속에서 사람을 위로할 수 있는 능력을 갖췄다면 이보다 더 큰 유산이 어디 있으랴.

나는 어머니처럼 동동주 담그는 법은 알지 못한다. 하지만 해걸러 매실주나 복분자, 포도주도 담근다. 내가 빚은 술들이 고가의 명품 주와 비기랴만 이 술이 익을 때쯤 그리운 이들을 불러 시간이 우러난 술 한 잔 권하며 그의 이야기에 깊이 귀 기울여주는 사람이 되고 싶다. 친구들을 위한 내 술이 향기롭게 익어가길 기다릴 때 나는 자주 아버지가 그립다.

아버지의 과수원은 사과만 키운 게 아니었다

내게는 철철이 환하게 꽃을 피우는 과수원이 있다. 지금, 여기, 나를 탄탄하게 서 있게 해 준 과수원, 아버지의 과수원이다. 중, 고등학교 시절 나무에 주렁주렁 달린 사과의 씨알이 굵어지면 아버지가 일하는 과수원으로 간다. 일손을 거드는 건 뒷전, 나무에 달린 사과에다 먹물로 우정, 행복, 감사, 성공 같은 글씨나 하트를 그려 넣고 다녔다. 소녀 감성에 맞는 글씨와 그림을 써넣고 사과가 가을볕에 빨갛게 익기를 기다린다. 사과가 잘 익을 때쯤 따서 먹물을 닦아내면 글씨 부분만 선명한 파란색으로 남아 천연 예술품 사과가 탄생하는 것이다. 나는 이 사과를 선생님이나 친구들에게 선물하곤 했는데 인기가 좋았다. 어쩌면 일본에서 유명하다는 아오모리현의 '합격 사과'는 내 아이디어를 훔쳐 간 것인지도 모르겠다며 혼자 웃기도 한다.

어느 날 사다리 위에서 사과를 따던 아버지가 나를 불러 뛰어가 보니 아주 크고 먹음직스럽게 잘 익은 사과를 하나 따주며 먹어보라 하셨다. 내가 보기에도 그건 우리 밭에서 최고품 사과 같았다. 어리둥절한 내 표정도 잠시 곧바로 엄마의 잔소리가 날아들었다. "와 아한테 그 성한 걸 줘예? 저기 떨어진 것도 마이 있는데예?" 엄마 말도 맞았다. 사과나무 아래에는 떨어진 사과가 즐비했고 사실 금방 딴 사과보다 떨어진 사과가 더 달다는 것쯤은 나도 알고 있었다. 하지만 아버지는 "우리 새끼들한테도 최고 좋은 걸 한번 멕이봐야 안 되겠나!" 하셨다.

아버지의 이 말씀은 평생을 두고 나의 자존감이 되었다. 나는 귀하고 사랑받는 존재라는 생각을 잊지 않게 했다. 사람들 앞에서 당당할 수 있게 했고, 다시 일어서게 했고, 다시 뛸 수 있게도 했다. 삶에 지쳐 한없이 초라해질 때, 내가 아무것도 아닌 것 같아 주저앉고 싶을 때 "그래, 난 이렇게 살 사람이 아니지!" 하고 가슴에서 무언가가 요동치게 하는 힘이 되었다.

아버지의 과수원은 사과만 키운 게 아니었다. 마음의 근육을 키워준 텃밭이었고, 한껏 기를 살려주던 응원의 박수부대였고, 도전과 용기를 가르쳐 준 내 생의 기름진 옥토였다. 지금도 가슴에서 함박꽃이 피는 아버지의 과수원. 나는 거기서 사랑을 배우고 꿈을 키우고 문학의 싹을 배태했던 것 같다. 언니 오빠의 기억 속 부모님은 원망과 그리움이 교차한다지만, 내 기억 속 아버지는 언제나 그 사다리 위에서 커다랗고 잘 익은 사과 하나를 따 들고 만면에 미소를 지으며 막내야! 하고 부르고 계신다.

전혜경

30대 후반에 등단은 하였으나
오랫동안 수필을 좋아하는 독자로 남아있었는데,
뒤늦게 요양 병원 간호사로 일하면서
많은 환자들을 만나게 되었습니다.
누군가에게는 소중한 아버지 어머니였을 그들의
삶과 죽음을 이야기를 하고 싶었고,
또 그들과 별반 다르지 않는 나의 삶도 돌아보게 되면서
다시 글을 쓰게 되었습니다.

전혜경

신촌 세브란스병원, 요양병원에서 간호사로 근무.

1991년 월간 〈문학공간〉 등단.

1994년 한국통신 공모전『밀레의 만종같이』 입선.

현재, 한국문인협회, 창작수필문인회 회원으로 활동 중.

1105mom@naver.com

언제까지 살아야 안 미안할까

내가 다니던 요양 병원에 낙상으로 입원했던 백세 어르신이 계셨다. 그분은 몸이 어느 정도 나은 후부터, 노인용 유모차를 끌고 자주 병원 복도를 돌며 운동하셨다. 자신이 아프면 자식 근심시킨다는 것이다. 그 연세까지 큰 병 없이 사는 데는 나름대로 건강 관리를 하신 것이다.

그 어르신이 병원 생활에 어느 정도 적응되어 갈 때쯤 코로나가 터지면서 보호자들 면회가 전면 중지되었다. 아들과 며느리가 자주 어르신을 찾아뵈었기 때문에 걱정이 되긴 했으나 의외로 병원 생활은 순조롭게 하셨다. 그 후 코로나가 어느 정도 누그러졌다는 정부 발표가 나온 후 현관문을 사이에 두고 보호자들과 면회를 할 수 있게 되었다. 그 어르신의 아들과 며느리도 오랜만에 병원에 오게 되었다. 마스크를 양쪽 귀에 걸치다시피 하고 간병사의 손에 이끌리어 홀에 나온 어르신은, 현관문 밖에서 눈물을 글썽이는 아들과 며느리를 보고 큰 소리로 "내가 너무 오래 살아서 미안하다."라고 했다. 귀가 어두워 목소리가 귀가 울릴 정도로 큰 어르신의 말에 공용공간에서 텔레비전을 보던 환자들이며 간병사들이 와~하고 웃었다. 하지만 간호사실에서 차트를 정리하다 그 말을 들은 나는 그 순간 망치로 머리를 한 대 얻어맞은 것처럼 멍해졌다. 오늘은 저 어르신 일이지만 내일은 내 문제일 수 있어서다. 그렇다면 도대체 얼마나 살아야 미안하지 않단 말인가?

자연스럽게 내 건강 상태를 되돌아보았다. 당뇨 전 단계로 마음 놓고 음식을 먹는 즐거움도 물 건너갔다. 또 비가 올 날을 뉴스보다 내 무릎이 먼저 알아낸다. 거기에 자꾸 깜박깜박하는 것도 은근 슬쩍 겁이 난다. 진짜 이대로 가다가는 오래 살아서 미안한 사람이 될 수 있을 것 같았다.

80대 중반의 전직 교사분이 계셨었다. 그 어르신은 외출했다가 집을 못 찾는 일이 반복되면서 요양 병원에 들어오셨었다. 그분은 침대에 붙어있는 접이식 식탁 한쪽에 늘 국어사전과 노트 볼펜들을 놓아두고, 시간 날 때마다 그 노트에 날짜와 요일을 쓰고 국어사전에서 단어를 찾아 적는 일을 하셨다. 나는 단어를 계속 쓰는 어르신 생각이 궁금해서 물어본 적이 있다. 답은 의외로 간단했다. 자꾸 잊어버려서란다. 희미해가는 기억을 붙들기 위해 공부를 계속하는 모습이 존경스러웠다. 하지만 문제는 따로 있었다. 그 어르신은 요실금으로 자주 화장실에 다녀야 했는데 기저귀를 절대 거부하셨다. 간병인이 '밤에 침대에서 내려오다가 낙상할 수도 있으니 주무실 때만이라도 착용해 달라'고 간곡히 부탁해도 단호하게 거절했다. 거기에서만이라도 자신의 존엄성을 지키고 싶었었나 보다.

하지만 그 어르신은 새벽에 화장실 가려고 침대에서 내려오다가 낙상하여 심한 골절을 입었고, 그게 원인이 되어 세상을 떠나셨다. 내려놓아야 할 부분을 안 내려놨을 때, 어떤 댓가가 따르는지를 보는 거 같아 참 씁쓸했다.

시간만 나면 운동하시던 백세 어르신과, 매일 날짜와 단어를 써가며 치매를 늦추고자 하였으나 내려놓을 때를 놓쳐 돌아가신 전직 선생님. 그분들을 통해 나는 운동과 공부, 또 내려놓을 때를 아는 것이 노후를 보내는 열쇠임을 느끼게 되었다.

남편과 나는 10년 앞을 바라보고 서울을 떠나 수도권 도시로 이사를 했다. 노년은 자연과 병원을 끼고 있어야 한다는 게 내 생각인데 여건에 맞는 곳이 나와서다. 손에 잡힐 듯 가까운 곳에 산들이 있어서 내 눈이 시원하고, 주변에 작은 병원들부터 대학 병원까지 어우러져 있는 것도 좋았다. 또 재래시장이 옆에 있어서 사람과 사람 사이의 온기를 느낄 수 있던 것도 한몫 했다. 나는 병원에서 피로에 찌든 환자 보호자들과 그런 자식들 눈치 보기 바쁜 환자들을 접하면서, 나이 들수록 홀로 서야 한다는 생각이었는데 실행에 옮기기 시작한 거다. 내가 살던 아파트의 재건축 이유와 일자리를 따라 여러 번 이사를 하다 보니 어지간한 살림살이들은 지나치다 싶을 만큼 다 정리해버려 가뿐하다.

등단 후 오랫동안 방치했던 수필 공부를 다시 시작하는 것 역시 나의 중요한 노후 준비이다. 내 머릿속에 떠다니던 언어들을 정리해 주거니와 내 삶을 치유하고 단순화시켜 주어서다. 그러나 안간힘을 써도 내 힘으로 안 될 때가 언젠가는 올 것이다. 바로 거기에서부터 내가 내려놓아야 할 시점인데 그때는 자식 대신 지갑이 일을 해야 할 것이다. 누군가는 '돈이 사람보다 오래 살도록 해야 한다'라고 하던데 나보다는 내 지갑이 오래 살도록 경제 관리도 잘 해야겠다. 어쩜 노후 준비는 '언제까지 살아야 안 미안할까?'에서 '어떻게 살아야 미안하지 않을까?'로 바꾸는 일이 아닌가 싶다. 그리하여 세월이 많이 흐른 후에 우리 자식들로부터 '우리 부모님들은 미리미리 자신들의 앞날을 준비해서 우리 손이 별로 안 갔어!'라는 말을 들을 수 있다면 내 노후 준비는 성공한 셈이 아닐까?

동지

오늘은 동지다. 일 년 열두 달 중 밤이 가장 긴 날이다. 저녁 6시에도 한밤중처럼 어둡고 아침 7시가 되어도 날이 덜 샌 것같이 깜깜하다. 겨울잠은 이럴 때 자는 건가 싶기도 하다. 하지만 내게는 이보다 훨씬 더 길고 긴 밤이 있었다. 육십 대 후반 내 일생을 통틀어 가장 긴 밤이 아니었나 싶다.

그날 밤 나는 밤 근무를 나왔으나 일이 손에 잡히지 않았다. 미국 애리조나의 호스피스 병동에 있는 동생 때문이다. 동생은 대장암 3기에서 발견되어 수술을 받았으나 2년 만에 재발하였다. 결국 떠날 때가 가까이 온 것이다. 직장에 휴가를 내고 간 남동생이 며칠째 동생을 지켜보고 있었는데, 가족 카톡으로 혼수

상태인 동생의 모습을 담아 보내왔다. 그 사진에는 링커 줄도, 식이 들어갈 레빈 튜브도 안 보였다. 환자들에게 기본적으로 수액을 거는데 왜 없는지를 동생한테 물었더니 남동생이 그곳 간호사에게 그 말을 했단다. 신장이 다 망가져 수액을 줄 수 없고 장이 폐색되어 식이도 못 들어간다는 것이다. 단지 혼수상태인 동생이 얼굴이 일그러지거나 찌뿌려지는 등 통증 징후가 보일 때 진통제 주사만 놔준다고 했다. 세상에 널리고 널린 게 음식이요 물인데 우리 동생한테는 그 어떤 것도 허용되지 않았던 것이다.

요양병원 간호사로 있으면서 나는 환자들의 죽음을 많이 보아왔다. 환자 상태가 위독해지면 주치의 지시에 따라 임종실로 옮기게 되고, 그 주변에는 부랴부랴 병원을 찾아온 보호자들이 지키고 있다. 그들은 이러지도 저러지도 못하는 조심스러운 시간을 침묵으로 보내곤 했었는데 그게 내 일이 될 줄은 몰랐다. 잘 웃고 씩씩하고 반짝이는 유머를 가졌던 동생은 어디로 가고, 그 생명이 지는 해처럼 저리 뉘엿뉘엿 사위어가고 있는가….

동생은 미국으로 유학 갔다가 미국인 제부를 만나 결혼을 하고 애리조나에서 줄곧 살았었다. 부부간이 미술 학도답게 집도 잡지 속에 나올 것같이 예쁘게 꾸미고 요가도 열심히 하며 건강을 챙겼는데 뜻밖에도 대장암이란 복병이 찾아온 것이다. 외동딸이 대학에 들어가면서 집을 떠나 동생도 이젠 좀 홀가분하겠다 싶었는데, 인생은 또 다른 숙제를 느닷없이 던진 것이다. '홀로 아리랑'처럼 혼자서 미국인 사회 안에서 살아남기 위해 치열하게 보내다 병이 든 거 같아 측은하기도 했다. 한국에 있는 친정 언니는 동생 집에 가서 한 달을 보내고 왔고 남동생 역시 짬을 내어 미국에 다녀왔지만 딸아이 결혼식을 바로 앞에 두고 있던 나는 그러지도 못했던 게 늘 마음에 걸렸었다.

그날 밤 나는 환자 약을 챙기거나 간호 기록을 하면서도 자꾸 마음이 울컥거려 안경만 벗었다 썼다를 반복했다. 이 세상을 떠나고 있을 동생 생각에 애타고 무기력한 채 긴긴밤을 보낸 것이다. 동생은 그다음 날 쉰아홉 살 생일을 삼 일 앞두고 세상을 떠났다. 같은 기독교인인 여동생 부부가 찬송과 기도로 하늘나라 가는 길을 지켰다고 했다. 타국에서의 마지막은 그래도 미국에 사는 다른 형제들 덕분에 덜 외로웠으리라. 우리 친정 형제가 육 남매인데 다섯째인 동생이 위의 언니 오빠 넷을 추월하여 먼저 갔으니 반칙이다. 오는 순서는 있어도 가는 순서는 없다는 말이 새삼 실감난다.

일주일 동안 동생 옆을 지켰던 막냇동생이 아리조나 투산 공항에서 비행기 사진과 함께 카톡을 보냈다. "투산에 언제 오게 될지 모르겠어요. 누나가 숨 쉬고 살았던 도시여서 떠나려니 애틋하네요." 막냇동생의 카톡을 보면서 동생 잃은 것이 다시금 현실적으로 느껴져 내 팔 하나가 툭 떨어지는 것 같은데, 동생 마음은 어떨까 생각하니 슬픔이 배가 된다.

나는 밤에 잠이 안 오면 동생과 카톡을 나누곤 했다. 그녀는 나보다 여덟 살이나 아래인데도 나와 코드가 잘 맞아 내 친구도 되고 상담자도 되었었다. 그날그날 일어나는 집안 이야기를 동생과 수다로 풀곤 했는데 아무렇지도 않은 일상도 동생과 이야기하다 보면 재미있는 에피소드로 변하곤 했었다. 그 때문에 동생이 떠난 후, 한동안 나는 친구를 잃은 상실감에 잠을 못 이루곤 했다.

동지라서 팥죽을 사 왔다. 동생이 투병할 때 죽이 먹고 싶어 한다는 것을 뒤늦게 알고 간편식으로 사서 미국에 보내기도 한 품목이다. 그때 동생한테는 간절했을 죽 맛을 나는 지금 덤덤히 느끼면서 작년 2월 동생을 마음으로부터 보내느라 너무도 길었던 그 밤을 추억한다. 이제 동생은 저쪽 세상에서 나보다 먼저 된 자로 있을 것이고 나는 이쪽 세상에 대기자로 남아있다. 고인이 된 동생으로 인해 죽음이 한결 가깝게 느껴지기도 한다.

나에게 다가올 죽음의 그림자를 밟게 될 때 나는 어떻게 할 것인가? 밤이 긴 동지에 숙제 하나를 무겁게 받아안는다.

일 자체가 남을 돕는 것

작년에 요양병원을 그만둔 후, 뭔가 빠진 것처럼 허전하던 차였다. 강남역에서 전철을 기다리다 우연히 예전에 산후조리원에서 함께 근무했던 간호사를 만났다. 그녀의 권고로 예상치도 않게 집에서 가까운 산후조리원에서 프리랜서로 일하게 되었다. 연로한 어르신들에 익숙하던 내가, 태어난 지 며칠 되지 않는 신생아들을 보니 너무 예뻐 황홀할 지경이었다. 고물고물한 그 녀석들을 보고 있노라면, 세상에 아무리 예쁜 꽃이 많다고 해도 사람 꽃에는 비할 수 없다는 감탄이 절로 나온다. 더 신기한 것은 태어난 지 며칠 안 되는 녀석들이 배고프면 입이 옆으로 돌아가고 기저귀가 젖으면 얼굴을 찌푸리거나 몸을 들썩인다. 태어난 지 얼마 안 되었지만 사람들이 자신을 돌보게 할 수 있다는 게 참 기특하다. 그중 한 아기에게 분유를 먹이고 트림까지 시켜 뉘어놓았는데 칭얼대서 다시 안아주자 언제 그랬느냐는 듯이 평화롭게 잠들었다. 마치 아기 천사가 날개를 숨기고 내 품에 들어온 것 같았다.

내가 요양 병원에서 본 환자 중 최고령인 어르신은 백일곱 살이셨다. 그 어르신은 식사할 때도 한 손으로 밥을 뜨고 다른 손으로 밥알을 흘리지 않도록 숟가락 밑에 받칠 만큼 인지도 좋았다. 그 당시로 계산해 볼 때 1919년 삼일 운동 때보다 먼저 태어나셨었다. 백일곱 살 어르신의 산 날은 어림잡아 3만 9천여 일 정도이다. 거기에 비하면 태어난 지 20일 안팎의 신생아와는 얼마나 큰 간격인가? 그 세월 사이에 간호사인 내가 있다.

신생아 주위에는 희망에 찬 밝은 에너지가 가득하다면, 요양 병원의 노인들은 세파에 시달린 흔적이 역력하다. 일출과 일몰은 같은 붉은 하늘이지만 한쪽은 태양을 향해, 다른 한쪽은 밤을 향해 가는 것이다. 더욱이 일몰은 곧 닥칠 캄캄한 밤을 대비하는 황혼녘의 고요함이다. 한평생을 세상에서 살아내다가 늙고 병들어 요양 병원에 오게 된 그들이다. 그 때문에 죽음을 앞둔 중환자를 보면 다음 근무 때 볼 수 있을까? 싶은 마음에 나는 퇴근할 때 혼잣말로 '잘 가요'라고 하기도 한다. 그런 밤이면 그 사람이 살아온 긴 세월을 마감하는 것에 내 마음조차 동일시되어 몸은 손톱 까딱하기 어렵게 피곤하면서도 잠이 쉬 오지 않았다.

산후조리원에서 아가들 씻기고 분유 먹이고 기저귀 갈고 하며 한시도 쉬지 못하고 집에 와서는 푹 쓰러지기는 하나 고물거리는 아가들을 보며 계속 웃어서인지 머리는 샘물 뒤집어쓴 것같이 맑아지는 것과 정반대다.

산후조리원이나 요양 병원, 삶의 출발과 마무리하는 양극 점에서 간호사인 나의 나이 듦의 위력이 나온다. 허리를 조이지 않고 있는 그대로 수용하는 고무줄 바지같이 헐렁한 여유로움이다. 'old old'는 'young old'가 잘 돌본다는 말은 요양 병원에 이미 널리 퍼진 말이다. old에 들어선 나이 든 간호사는 환자들을 보며 늙음을 배워가기도 하거니와 보호자들과의 공감도 훨씬 원활하다. 젊은 간호사들처럼 컴퓨터나 기록철 정리 등 기계 다루기는 느려도 환자를 심정적으로 이해하고 돌보는 것은 세월 밥만으로도 한 수 위일 수밖에 없다.

산후조리원에서는 또 어떤가? 모든 아기가 다 내 손주처럼 예쁘고 사랑스러운 외할머니 심정으로 다가갈 수 있다. 그 때문에 전쟁터같이 바쁘고 긴박한 의료 현장을 젊고 빠른 간호사들이 맡아간다면 그들의 손이 미처 가지 못하는 부분에 나이 든 우리가 있는 것이다. 마치 친정엄마가 딸 집 빈구석을 찾아다니며 빠진 일을 찾아 메워주는 것과 같은 이치다. 젊었을 때의 나는 간호사가 맞지 않았다. 빠릿빠릿하고 분명해야 하는 그 생활이 내겐 부담이었다. 하나 지금은 잘 맞는다. 팔딱거리게 바쁘지 않아도 충분히 굴러갈 수 있어서다.

전에 남들이 선망하는 대기업을 그만두고 간호사의 길을 택한 분의 책을 읽은 적이 있다. 그는 여행 중에 몸살이 나서 고생했을 때, 한 미국인이 도움을 주며 자신을 간호사라고 소개했단다. 그러면서 간호사는 '남을 돕는 일을 멀리 가서 찾지 않아도 일 자체가 남을 돕는 것'이라고 했는데 그 말이 인상적이어서 간호사를 꿈꾸게 되었다고 했다. 미국인 간호사가 했다던 '일 자체가 남을 돕는 것'이란 말은 내게도 위로의 메시지로 남게 되었다. 나이 들면서 뭔가 사회에 기여하지 않는 것이 마음에 걸리곤 했는데 일 자체에 포함되어 있으니 얼마나 반가운 일인가?

산후조리원에서 2주나 3주 보낸 아기들은 퇴실을 한다. 인구절벽의 시대에 태어나 준 것도 감사한 아기들을 돌보다 보면, 이 어린 생명들이 갈매기의 꿈과 같이 멀리멀리 뻗어나가 우리

나라 아니 세계에 우뚝 서기를 기도하게 된다.

아직 건강의 적신호가 없는 나는 앞으로 또 어디를 향해 갈지는 모르겠다. 그러나 인생의 출발선에 있는 아가들 옆이든, 또 자신의 삶을 완성하고 떠나는 이들이 있는 자리든 그 어디든지 거기에 간호사란 이름으로 그들 곁에 머물 수 있어서 감사하다. 지금까지는 내 손이 누군가를 돕는 손이지만 언젠가는 내게도 다른 사람의 도움이 필요한 날이 올 것이다. 그때를 위해 지금 나를 돌보는 일도 소홀히 하지 말아야겠다. 그 또한 자식들을 돕는 일일 테니 말이다.

즐거운 나의 집

실로 8년 만에 내가 살던 곳으로 돌아왔다.

내가 떠날 당시 34년 된 고령의 아파트는 물도 제대로 쓸 수 없었다. 우리 아파트에서 물을 쓰면 그 집 바로 아래층 천장에 고여있다가 벽으로 스며들어서 벽지도 새로 해주어야 했고 급기야는 씽크대 선반까지 교체해 주었었다. 그 때문에 아파트 재건축으로 이사가 결정되자 뛸 듯이 기뻤다. 기왕 떠나는 거 공기 좋은 곳으로 가자고 남편을 부추겨 하남으로 들어갔다. 하늘이 뻥 뚫린 듯 맑은 공기와 많은 사람이 모여든 오일장도 그렇게 반가울 수 없었다. 사실 아이들이 다 떠나 남편과 둘만 살다 보니, 오일장을 다 돌며 구경했어도 손에 든 것은 도토리묵 한

모뿐이지만 말이다. 또 우리 아파트 안에서 검단산을 볼 수 있는 것도 신기했고 가까이 있는 미사리 길도 우릴 반겼다. 미사리 밤길은 참 매력적이었다. 한강의 밤바람을 맞으며 그 길을 걷다 보면 강 건너 워커일 호텔 쪽에서 빛나는 불빛 앞에 가수 '정훈희' 님의 '강 건너 등불'이란 가요가 저절로 흥얼거려졌다. 한번은 남편과 같이 보름달을 보려고 미사리에 나갔었다. 걷던 중에 건너편 예봉산과 운길산이 서로 기댄 골짜기에서 신비스럽게 밝은 빛이 비치는 것이었다. 그런 풍경을 본 적이 없던 남편과 나는 "보름달이 뜨는 거다." "아니다 야간 비행 훈련하려고 불 밝히는 거다." 하며 옥신각신하던 사이 골짜기에서 커다란 보름달이 올라오고 있었다. 그 순간 한강은 하늘에서 금가루를 뿌린 것 같이 물결 겹겹이 노랗게 반짝이고 기독교인인 내 마음엔 하나님의 나팔 소리가 공중에서 울리는 듯 감격스러웠다. 그러나 하남에서의 그런 즐거움은 엉뚱한 곳에서부터 펑크가 났다. 그 당시 내가 일하던 요양병원이 부도가 나면서 새로 일자리를 구해야 하는데, 그곳에는 내가 일 할 곳이 없었다.

내가 다시 둥지를 튼 곳은 안산이었다. 우리 아파트는 바로 눈앞에 안산천이 흐르고 그 너머에 공원이 있었다. 공원을 거닐다 보면 우뚝 선 돌들 맨 앞에 있는 '윤동주'의 '서시'로부터 유명한 시인들의 시비가 세워져 있어 산책하며 시의 즐거움도 누릴 수 있었다. 또 안산 천에 옹기종기 모여 있던 오리 떼들과 우아한 황새들의 몸짓, 나뭇가지 위에 앉아있던 은행잎보다 작은 새들의 소리를 들으면 '베토벤'의 '전원 교향곡'이 바로 이거구나 싶었었다.

나는 안산에서 6년 넘게 살았다. 꼭 내 집이 아니라도 나와 인연이 있으면 그리 오래 사는구나 싶다. 그러나 작년 내가 직장을 그만두면서 더는 외지에 있을 이유가 없어져 다시 서초동 우리 아파트로 돌아오게 된 것이다.

한편으로는 나름대로 자연과 벗하고 사는 즐거움을 내려놓고 높은 건물들이 병풍처럼 둘러싸인 곳으로 다시 간다는 게 아쉽기도 했다. 또 아파트를 새로 건축한 만큼 여러 첨단 시설물들이 있을 거라는 예상에 디지털 세대와 거리가 먼 내가 적응하기 어려울까 봐 걱정도 되었다. 하나 그런 염려는 기우에 불과했다. 이사 온 지 일주일이 되니 대충 이런저런 기기들은 다룰 수 있고, 우뚝 선 건물들 보는 것이 이상하게 반갑기까지 했다. 그 반가움의 정체가 뭘까 궁금해지기도 하고 말이다.

나는 이삿짐을 어느 정도 정리한 후, 우리 아이들이 다녔던 초등학교와 중학교를 돌아보았다. 예전 두 딸이 방과 후 학교에서 뛰놀던 모습을 흐뭇하게 바라보던 젊은 시절의 내 시선도 떠오른다. 작은딸이 내게 뛰어오다 넘어져 무릎이 깨져 울던 것이며, 운동회 날 반 달리기에서 큰딸이 3등을 해서 내가 기뻤던 날도 떠올랐다. 나는 달리기를 못 해 항상 꼴찌였었다. 그 때문에 내 딸이 3등으로 들어온 것에 흥분하는 나를 보고 1등으로 들어온 딸의 친구가 이상하다는 듯이 바라보던 것도 기억났다. 중학교 명예 교사로 갔다가 떠드는 애들 속에 우리 딸도 포함되어 있어 어처구니없던 일이며, 큰딸 중학교 졸업식에서 지갑을 소매치기 당해 속상했던 일도 떠올랐다.

그때 애들 키우며 함께 울고 웃던 이웃들은 다 어디로 갔을까? 아파트 재건축 후 흩어져 지금은 어디 있는지도 모를 많은 이웃이 그리워진다.

「즐거운 나의 집」 작사자인 존 하워드 페인은 평생 자기 집을 가져보지 못하고 떠돌았다고 한다. 특히 「즐거운 나의 집」이란 아름다운 가정의 노래는 프랑스 파리에서 동전 한 푼 없는 처량한 신세였을 때 지었단다. 집이 없어서 더욱 집의 소중함을 느끼게 된 것이다. 나름 자연과 가까이하던 외지에서의 생활도 보람 있었지만, 진정한 즐거움은 오랜 시간 나만의 이야기로 만들어 낸 나의 텃밭이라는 게 새삼스러웠다. 텃밭은 씨를 뿌리고 경작하는 데만 있는 것은 아니었다. 현대인에게 고향이라는 개념은 별 의미가 없다. 하지만 추억이 있고 우리 가족의 소중한 웃음과 땀방울이 스며있는 곳이 고향이리라.

내가 느꼈던 반가움의 정체는 결국 나의 터에 뿌린 내 시간의 탑이었나 보다. 만일 내가 이곳에서 계속 살고 있었다면 내 텃밭의 고마움을 알았을까? 그날이 그날 같은 평범함에 고마움을 깨닫지 못하고 살지는 않았을까? 그러고 보면 이곳을 떠나 살던 8년이라는 시간은 '즐거운 나의 집'을 만들어준 일등 공신인가 싶기도 하다. 숲을 나오니 숲이 보였나 보다.

초행길

첫 시작은 그랬다. 퀴즈가 치매 예방에 좋다고 해서 남편과 유튜브에 나와 있는 여러 문제를 찾아가며 풀던 중에 우연히 '틀린 그림 찾기'라는 프로그램을 알게 되었다. 오른쪽과 왼쪽에 같은 삽화를 놓고 다른 그림 3개를 90초 안에 찾아내는 것이다. 두 그림이 똑같은 거 같은데 자세히 보면 다른 것이 발견된다. 코로나로 마음이 어수선할 때가 많은데, 애니메이션 영화같이 명랑한 그림들을 접하다 보니 저절로 내 마음도 밝아지고 덤으로 다른 그림을 찾는 긴장감까지 곁들이니 더욱 흥미로워진다. "마을에 괴물질이 등장했어요. 탐정님만 믿을게요."라는 멘트와 함께 남편과 나는 때아닌 탐정이 되어 틀린 그림을 찾아 나선다.

사실 코로나로 남편과 집에 있는 일이 많아지며 서로 부딪힐 일이 늘어나는데, 함께 퀴즈를 풀어가면서 자잘한 갈등도 덮어갈 수 있는 것도 한몫했다. 남편과 나는 찾는 방법도 확실히 달랐다. 남편은 예측과 분석 등 과거의 직업에서 익힌 것을 활용한다면, 나는 오랜 시간 갈고닦은 주부의 감으로 퀴즈를 풀어나갔다. 물론 감보다는 예측이나 분석이 유리하기는 해도 그렇다고 내가 그리 밀리는 것도 아니었다.

나는 이 게임을 하면서 문득 우리 인체도 틀린 그림 찾기의 연속이라는 생각이 들었다. 세균이란 괴물질은 환자 몸의 약한 부분에 은근슬쩍 똬리를 튼다. 그걸 알아챈 백혈구가 경찰차처럼 삐뽀삐뽀를 울리며 세균들과 장렬하게 싸우다 죽는다. 그럼 환자한테 열이 나고 그게 지속되면 주치의는 피 검사를 처방 낸다. 검사 결과에 백혈구와 염증 수치가 높게 나오면 항생제 치료에 들어간다. 백혈구가 만들어 주는 단서와 피 검사라는 과학적 증명을 기초로 하여 처방을 내는 주치의가 탐정이 된 것이다. 항생제가 들어가면 확실히 열도 빨리 떨어지고 환자는 안정을 찾는다. 그러나 창이 있으면 방패도 있는 법. 항생제가 발달하면 할수록 균들도 사나워져 약이 듣지 않는 슈퍼 박테리아가 생겨난 것이다. 슈퍼 바이러스에 감염된 환자가 입원하면 번거로운 일이 많았다. 다른 환자들과 격리하는 것은 물론이거니와 그 입원실에 들어갈 때마다 마스크며 장갑 가운까지 완전 무장하고, 간호 일을 보고 나올 때는 그 일회용품들 모두 오염 폐기물통에 버리고 알코올 소독까지 한 후, 다음 들어갈 때 또 같은 과정을 반복하니 말이다. 하지만 시간은 걸려도 결국은 세균 덜미는 잡히고 환자는 일반 병실로 옮기게 된다. 지금 전 세계적으로 코로나바이러스란 괴물질과 백신이 서로 엎치락뒤치락하곤 하는데 언젠가는 잡히겠지 하는 심정이다. 그러나 이런 세균보다 더한 녀석들은 바로 면역 질환들 인 거 같다. 그들은 외적이 아니라 내 편을 공격하는 반란 세력이다. 외부의 적보다 내부의 적이 더 무섭다는 것이 균들의 세계에서도 마찬가지다. 하지만 눈부시게 발달하는 의학의 기술이 그 괴물질들의 움직임을 빨리 눈치채는 것은 반가운 일이다.

남편과 내가 이 게임을 하면서 놓치는 부분이 비슷하다. 두 그림 속에서 똑같다고 지나쳤던 것들에 함정이 숨어있는 거다. 물론 눈과 입 모양을 살짝 다르게 하거나 동물 꼬리를 위로 올리거나 살짝 아래로 내리는 등 수많은 변수 사이에서 90초 동안 다른 그림을 찾는다는 게 쉽진 않다. 또 여러 번 앞으로 돌려 다시 찾아봐도 잘 안 보일 때도 있다. 하나 답을 알고 나면 다른 게 빤히 보이는 데 왜 못 찾았는지 허망해지기도 한다. 그러다가 어느 순간 그 하나하나가 초행길 같이 낯설어서 찾지 못했다는 것을 알 수 있었다. 또 짧은 시간 내에 해결하려다 보니 마음이 먼저 쫓겨 놓치고 가기도 한 것이다. 어쩜 하루하루가 초행길의 연속인 내 삶도, 이처럼 쉽게 지나가다가 놓치는 일이 많았으리라. 시간에 쫓기거나 눈앞에 닥친 일을 먼저 처리하느라 누려야 할 일상의 즐거움을 놓치지는 않았는지, 아니 나도 모르는 순간에 나 자신이 괴물질이 되어 주변 사람들을 잠 못 이루게 한 적은 없었는지 반문해 본다.

통제 구역

무려 10년 만에 대장 내시경을 하기로 했다. 예전에 검사할 때 물을 많이 먹느라 힘들었던 기억 때문에 자꾸 뒤로 미루던 것인데, 여동생이 대장암으로 세상을 떠나고 보니 더는 늦출 수가 없었다.

검사 3일 전부터 병원에서 제공해 준 순서대로 식이 조절에 들어갔다. 음식은 허용하는 것과 허용하지 않는 것으로 나뉘었다. 어린 시절 운동회 때 같은 반 친구들이 일순간에 청군 백군으로 갈라진 것과 같았다. 흰쌀밥, 두부, 바나나, 달걀, 카스텔라, 묵같이 부드러운 것은 먹을 수 있는 군으로, 야채며 현미, 김 등 섬유질이 있는 음식은 금지 품목이다. 평소 귀리며 보리, 콩으로 얼룩덜룩하고 거칠던 밥그릇 속이 일순간에 흰 도화지처럼 하얗게 되고 반찬으로는 두부나 계란, 묵같이 물렁물렁한 것만 먹으려니 밥을 먹고도 영 개운치가 않았다. 아니 '이 선을 넘어가면 안돼'라고 금을 긋자 내게 제한된 영역에 더 눈이 가는 것인지도 모른다. 그런 가운데 3일째 오후부터는 그마저도 금하고 오직 물만 먹게 되었다. 하나 그날만 넘기면 되니 오히려 반갑기까지 했다. 다음날 새벽에 드디어 내가 장을 비울 시간이 되었다. 먼저 병원에서 알려준 순서에 따라 물 한 컵에 가루로 된 장정결제를 타서 마신 후 물 두 컵을 30분에 걸쳐 천천히 더 마신다. 이 과정을 한 번 더 되풀이하는 것까지가 내가 할 일이다. 장정결제 탄 물은 탄산음료 맛이다. 나는 언제부턴가 탄산음료를 먹고 나면 속이 불편해 먹지 않은지 꽤 오래되었는데 뜻밖에 만난 그 음료수 맛에 살짝 비위가 상했다. 첫 번째 마실 때는 그런대로 무난히 지나갔으나 문제는 두 번째 발생했다. 장정결제를 타서 먹고 연달아 물을 마시는 과정에서 장은 꼬이는 것 같으면서 속이 매스꺼웠다. 신호가 온 거구나 싶어 화장실로 갔는데 그대로 구토가 나왔다. 토물을 미쳐 수습할 새 없이 3번까지 연거푸 토하면서 장이 뒤틀리는 것 같이 고통스러워, 화장실 바닥에서 배를 움켜잡으려니 막냇동생의 카톡 내용이 떠올랐다. "언니 배가 주리를 틀듯이 아프고 허리도 끊어질 거 같았어. 이러다 죽나 보다 싶어 매트(제부)에게 그동안 고마웠다고 말하고 그대로 기절했었어. 그런데 아직 나의 시간이 아니었나 봐."

나는 그저 내 대장 상태를 알고 싶어 장 비우는 과정도 이리 힘든데 기절까지 한 동생의 통증은 어떠했을까?' 나는 삼 년 전 고인이 된 동생 생각에 화장실 바닥에 그대로 주저앉아 줄줄 흘러내리는 눈물을 닦을 생각도 못했다.

나는 동생과 밤에 카톡을 자주 했었다. 발랄하고 유머가 넘치는 동생이지만 대장암 수술 후에는 많이 달라졌었다. "언니 세상에 두 종류 사람이 존재하는 거 같아. 암에 걸린 사람과 안 걸린 사람으로 말이야. 진짜 힘든 것이 뭔지 알아? 할 일이 눈에 띄는데 일어나지 못하고 그냥 바라보고만 있어야 하는 거야."

동생은 바지런히 일을 찾아다니는 스타일이었다. 미국 유학 가기 전, 동생이 우리 집에 다녀가면 퇴근한 남편은 여지없이 알아차렸다. 잠시도 가만히 있지 못하고 물건 배치를 바꾸어놓거나, 아니면 싫다는 우리 딸들을 달래 머리를 다시 빗겨 머리핀이며 고무줄로 새 단장을 시켜놓고 즐거워하곤 했다. 그때의 어린 딸이 결혼 후 낳은 삼 남매의 사진을 나는 가끔 동생에게 보내곤 했다. 큰 외손자는 '정수리 쪽 가르마가 큰딸 닮았다'던가, '외손녀 잔머리 많이 빠지는 것이 자기 엄마 어릴 때랑 똑같다.'는 등 내게는 보이지도 않았던 것들에 대한 동생의 기억이 신기했다. 작은딸도 올해 아들을 낳았다. 만일 동생이 살아있었다면 새로 태어난 아기에 대한 기발한 관찰이 나왔을 텐데 더 이상 들을 수 없는 것이 아쉽다.

바로 그 동생에게는 암에 걸린 사람과 안 걸린 사람으로 구역이 나뉘었고, 일을 보고도 못 하는 것이 통제 구역이었던 셈이다.

동생이 세상 떠나기 전날 밤도 생각난다. 동생이 위독하자 직장에 휴가를 내고 바로 달려갔던 남동생이 가족 카톡 방에 이미 혼수상태인 동생 사진을 보내왔다. 그때 나는 요양 병원에서 밤 근무를 하다가 카톡을 확인했다. 사진에는 식이가 들어갈 레빈 튜브(일명 콧줄)도, 수액이 들어갈 링거도 보이지 않았다. 암은 잔인하게 동생의 신장과 대장을 전면 통제한 것이다. 섭취와 배설은 동전의 양면처럼 함께 움직여야 하는데 배설 쪽이 완전히 막혀버리니 들어가는 것도 중단해야 했던 것이다. 결국 그다음 날 동생은 이 땅에 살아있는 사람에게는 통제된 저쪽 세상으로 날아가 버렸다.

다음날 아침, 병원에 가서 지난밤에 세 번 구토했다고 하자 간호사는 대장에 분변이 남아있을 수도 있다며 다시 시작해야 한단다. 구토한 거 감안해서 물 500CC를 더 마셨다고 해도 약이 다 안 들어가서 어쩔 수 없다고 간호사는 단호하게 말했다. 이럴 줄 알았으면 물 더 마시는 수고나 하지 말 걸 하는 억울한 맘도 들었다. 결국 나는 병원 매점에 가서 생수 세 병을 사서 처음부터 다시 되풀이해야 했다. 더는 나올 것도 없었는지 구토는 없었다. 물을 많이 마시는 것이 부담스러워 대장 내시경을 미루었었는데 아이러니하게 물을 두 배나 마시고서 마무리한 셈이다. 그렇다고는 해도 검사 결과가 깨끗하다고 하니까 끝이 좋으면 다 좋다는 심정이었다.

집에 돌아와 금이 사라진 밥상을 보니 그렇게 반가울 수가 없었다. 제한구역이 없는 자유의 소중함을 평범한 밥상에서 다시 보게 된 것이다. 상추쌈에 밥을 얹으며 문득 내가 스스로 만드는 통제 구역은 없는지를 반문하게 되었다. 매일매일 무엇인가를 결정하고 살아야 하는 일상에서 내가 설정한 통제 구역에 거미줄처럼 나를 얽어매는 일은 없었는지….

미국 사람들 틈에서 부대끼며 살았을 동생을 떠올리다 보면 죽고 사는 일 아니면 너무 연연하지 말자는 결론이 나온다. 몸에 밴 통제 구역에서 벗어나 좀 헐렁이 살아야겠다고 스스로를 다독여보지만 실행할 수 있을지 장담하기가 어렵다. 그동안 굳어진 고정관념이라는 더께가 어느새 내 삶에 두껍게 내려앉아 있어서다. 하지만 장정결제를 두 번 되풀이해 마시는 일을 다시는 경험하고 싶지 않다.

지레짐작

아파트 단지 내에 목요 장이 섰는데 떡볶이와 어묵을 파는 가게에 사람들이 성시를 이루고 있다. 예나 지금이나 사람들이 좋아하는 먹거리인 떡볶이와 어묵을 보면 한 아이가 떠오른다.

오래전 나는 한 요양병원 암 병동에 근무했었는데, 어느 날 백혈병에 걸린 13살 된 어린아이가 입원했다. 그 병원에는 가족들이 환자 간병을 했었는데 그 아이는 늘 혼자였다. 혼자 침대에서 일어났다 앉았다 하며 스마트폰을 만지작거렸고 잘 때도 새우처럼 구부린 채 잤다. 어릴 때 부모님이 이혼한 후, 할머니 댁에 살면서 혼자 노는 게 습관이 되었단다. 할머니나 아버지 간섭 없이 마음대로 스마트폰으로 게임할 수 있어서 더 좋다는 그 아이의 철없음은 애들을 다 키운 나나 키우고 있는 젊은 간호사들에게 안쓰러움의 대상이었다. 아이 아버지는 지방 건설 현장에서 일하였고, 할머니는 다른 병원에 있는 누나 간병을 하신단다. 다행히 아이는 혈관 주사 맞을 때 공포에 질려 우는 것을 빼고는 병원 생활에 그런대로 잘 적응했는데, 딱 하나 밥을 잘 먹지 않았다. 병원 밥이라는 게 간도 약하고 조미료도 안 들어가니 어른들도 밍밍해서 맛없다고 하는데 자극적인 맛에 길들여진 아이에게는 오죽하랴 싶기는 했다. 하지만 보호자가 없다 보니 그 아이 밥 챙기는 책임이 간호사실로 넘어왔다. 그 아이 약에는 중요한 치료제도 포함되어 있어서 어떻게든 밥을 먹게 하고 약이 들어가게 도와줘야 했다. 주치의도 아이의 식욕 부진이 걱정되는지 아이가 먹고 싶다는 거 있으면 가리지 말고 주라고 했다.

그날 밤 내가 그 아이 입원실에 들어갔을 때 아이는 식판에 손도 안대고 침대에 누워 스마트폰만 만지작거렸다. 내가 그 아이한테 밥 먹자고 하자 얼굴에 바로 귀찮은 내색을 비추며 먹기 싫다고 했다. 나는 지나가는 말로 "밥 먹으면 내일 네가 먹고 싶은 것을 사다 줄 수도 있는데…."라고 했다. 아무 반응 없을 줄 알았던 아이가 뜻밖에 "어묵이랑 떡볶이 먹고 싶어요." 하며 벌떡 일어나 밥을 먹기 시작했다. 그 약속 덕분에 아이는 꽤 많은 양의 밥과 약까지 잘 챙겨 먹어서 그날 내 근무의 밥 숙제는 성공으로 끝났다. 다음날 오후 근무였던 나는 아이와의 약속을 지키려고 분식점을 찾았다. 문제는 그때 내가 그 지역에 이사한 지 얼마 안 되던 때여서 집에서 병원 가는 길만 겨우 아는 정도였다. 이 사람 저 사람에게 물어 한참을 헤맨 끝에 분식점을 찾았을 때는 5월인데도 이마에 땀까지 났다. 나는 반가운 마음으로 떡볶이와 어묵을 1인분씩 주문했다. 양이 좀 많은 게 걸리긴 했으나 그 이하는 안 판다고 하니 어쩔 수 없었다. 나는 큰 숙제를 완성한 기쁨에 들떠 다른 날보다 일찍 출근한 후, 그 아이 앞에 떡볶이와 어묵을 먹기 좋게 펼쳐놓았다. 내가 힘들게 사 온 만큼 아이가 맛있게 먹는 모습을 보고 싶었다. 그러나 딱 1분도 안 되어 내 기대는 산산조각이 났다. 아이는 나무젓가락으로 떡 하나를 들어 입에 넣다 말고 탁 뱉었다. 어묵 역시 한 입 깨물더니 "맛없어!" 하고 그대로 내뱉은 후 침대에 벌렁 누워버리는 게 아닌가! 나는 기가 막혔다. 아이가 한 입도 제대로 안 먹는 음식들을 사 오느라 나는 땀까지 흘려가며 고생했으니 말이다. 결국 힘들게 사 온 떡볶이와 어묵을 내 손으로 다 버리면서 아이 앞에서 내색은 않았지만 얄미운 마음마저 들었다. 그 후 나는 다른 요양병원으로 근무처를 옮기면서 그 아이 기억도 거기서 멈춘 줄 알았다.

그로부터 2년 후, 나는 터키로 패키지여행을 갔다가 그곳에서 단체 식중독에 걸리는 불상사를 겪었다. 구토와 오심 설사로 체력이 바닥에 떨어진 가운데, 건강해도 벅차게 꽉 짜인 패키지여행을 감당하게 된 것이다. 그 와중에 구토증으로 유난히 힘들던 날, 점심 식사 때 일이다. 볶음밥이 나왔는데 한술 뜨다가 기름 냄새에 속이 울렁거려 그대로 수저를 내려놓았다. 식사 중간에 물을 가지고 우리 식탁을 오던 종업원이 내 앞에 고스란히 남긴 밥을 보고 당황해하는 모습이 얼굴에 역력했다. 나는 그의 눈을 보고 손으로 배를 만지며 아픈 시늉을 했다. 나는 '내 속이 안 좋아서 먹을 수가 없는 거'라고 몸짓으로 전달하고 싶었는데 통했는지는 알 수 없었다. 그때 불현듯 그 아이가 생각난 것이다.

터키 사람과 의사소통이 되지 않던 나나, 자신의 의사 표시를 '맛없어'라는 말로 표현할 수밖에 없던 그 애와 입장이 비슷하게 느껴져서다. 그 아이는 병의 진행이나 복용하는 약 때문에 오심이나 구토로 고생이 많았을 것이다. 그럴 때 '어제는 먹고 싶었는데 오늘 먹어보니 속이 울렁거린다.'던가 '막상 먹으니 토할 거 같다.' 등 자기 전달을 할 줄 몰라 '맛없다'라는 한마디 말로 표현했을 수 있었겠다라는 생각이 뒤늦게 든 셈이다.

어느 방송에선가 유치원 선생님이 아이들에 대해 하는 이야기를 들은 적이 있다. 유치원 아이 중에도 논리적으로 기가 막히게 말 잘하는 애가 있는 반면에, 말 한마디 제대로 못 하는 아이도 있단다. 그럴 땐 눈치는 빤한데 숫기가 없는 것인지, 언어에 대한 논리적 조합 부족으로 말 비빔이 되는지를 구분하는 것도 유치원 교사의 일이라고 했다.

바로 그거였다. 유치원 교사가 아이의 말을 알아내고자 노력하는 것과 달리, 그냥 맛없다고 한 그 애의 속마음은 못 보고 나의 수고만 억울했던 것이었다. '내가 고생해서 사 왔으니 당연히 잘 먹을 거다'라고 지레짐작을 한 것이다. 참으로 황당한 일이다. 다른 사람에게 친절을 베풀었을 때의 반응이 내 기대치가 어긋날 경우, 상대가 아니라 나의 과도한 기대 때문에 실망할 수 있다는 반성이 되었다. 그 아이의 경우는 나 자신이 식중독이라는 불상사를 겪으면서 깨닫게 된 것이지만, 내가 모르고 지나가는 경우는 또 얼마나 많았을까? 그나마 그 아이 앞에서는 싫은 내색을 안 한 것에 위로를 받았다.

떡볶이 가게 앞에서는 여전히 많은 사람이 어묵이며 튀김 떡볶이 등을 사서 검정 비닐봉지에 담아 간다. 나도 사람들 틈에서 떡볶이를 주문하며 '지레짐작'이란 것이 자신도 모르는 사이 많은 오해를 낳을 거라 생각하니 사람과 사람 사이의 관계가 새삼 어렵게 느껴졌다.

희망의 상징

실로 10여 년 만에 산후조리원으로 다시 돌아왔다. 예전에 산후조리원에서 일하다가 요양병원으로 자리를 옮겼었는데 벌써 그만큼의 시간이 흐른 것이다. 요양병원에서 노인들을 보다가 신생아들을 보게 되니 눈이 번쩍 뜨이게 예쁘다. 아기는 정말 꽃 중의 꽃이다. 강산도 변한다는 십 년 사이 산후조리원은 모든 게 달라졌다. 신생아실 아기 침대마다 CCTV가 달려있어 산모가 방에서 스마트폰으로 아기를 보는 것도 신기했다. 그뿐 아니라 산모가 식사도, 아기 수유도, 아기 움직임을 보는 것까지도 모두 각자 방에서 혼자 한다. 산후조리원이 너무도 조용해진 것이다.

예전 내가 산후조리원에 다닐 때는 활기가 가득 찼었다. 통곡마사지라고 일본에서 들여온 가슴 마사지로 산모들 유선을 뚫어 수유를 잘할 수 있도록 돕는 곳으로 유명했었다. 큰딸이 첫째를 낳았을 때도 내가 근무하던 산후조리원에 왔었다. 한번은 아침 근무 나가서 밤새워 일한 간호사들에게 아기들 잘 잤냐고 물었더니 "선생님 손자만 안 잤어요." 하는 것이다. 나는 밤새 안 자다가 뒤늦게 새근새근 자고 있던 외손자를 번쩍 들어 올려서 고개를 숙이는 모양을 취하며 "선생님들 죄송합니다."라고 해 함께 폭소를 터트리곤 했는데, 그 애가 벌써 초등학교 6학년이다. 그 산후조리원 홀의 긴 소파에서 산모들이 모여 서로 이야기를 나누며 수유하던 모습도 생생하다. 판사나 변호사 같은 법조인 산모도 있었고, 여고 2학년짜리 어린 산모도 있었다. 대학생과 불장난으로 생긴 아기지만 양쪽 가족들의 따뜻한 배려로 무난하게 출산하고 산후조리원까지 온 것이다. 그들은 엄마라는 공통분모로 서로의 정보도 교환하고, 모유가 안 나온다고 울고, 잘 나온다고 기뻐하며 아기에게 엄마 젖을 먹이느라 정성을 다했었다. 면회실에는 할머니 할아버지가 되어 유쾌한 흥분에 들뜬 보호자들로 늘 북적였고, 식사 시간이면 식당에서는 음식 맛있다고 요리법 알려달라는 산모들 목소리가 시끌벅적했다. 새 생명이 태어나는 것이 얼마나 큰 축제인지를 매일매일 증명하는 것 같았다. 그 산후조리원이 내가 요양병원으로 옮긴 후 얼마 안 되어 건물 주인과의 재계약 과정에서 문을 닫았다는 소문이 들려왔을 때, 마치 고향을 잃어버린 것처럼 허전했었다. 요양병원에 가서 적응 안 되면 언제든지 오라며 선물을 쥐여 주던 원장님이 내 마음속에 늘 따뜻한 위로로 남았는데 말이다.

요즈음은 코로나로 산모가 아기를 낳으러 병원에 갈 때도, 산후조리원에 들어가는 순간에도 남편 외에 아무도 같이할 수 없다. 또한 산모들끼리 서로 만나지도 못하고 각자의 방에서 모든 것을 혼자 해야 한다. '이상한 나라의 앨리스'가 결코 동화책 속에만 머무는 게 아니다. 코로나가 주범이다.

하기야 내가 우리 아이들을 낳던 때는 산후조리원이란 것 자체가 없었다. 제왕절개로 둘째딸을 낳은 후 7일 만에 병원에서 퇴원해 바로 일상으로 돌아가야 했다. 허리가 기역자로 굽은 상태에서 큰딸 유치원 보내고 작은딸 모유를 먹이고 아기 기저귀를 빨았었다. 기저귀가 세탁기 안에서 돌돌 감겨 빨래를 꺼내려면 한덩어리가 되었던 기억도 난다. 도우미를 쓰긴 했지만 다른 사람에게 일 시키는 것을 잘 못하는 나는 혼자 하는 것이 더 편했다. 가까이 사시던 친정엄마가 뒷바라지하느라 고생을 많이 하셨는데, 그때는 그게 당연하다고 여겼으니 오래전에 돌아가신 엄마에게 죄송한 마음뿐이다. 친정엄마 생각을 하다 보니 엄마 세대도 돌아보게 된다. 6·25 동란 후인 1950년대에서 1960년대로 넘어올 때 이야기다. 보릿고개를 무서워하던 가난한 그 시대에 분만은 집에서 이루어졌다. 임부가 출산이 임박하면 '토방 위에 놓인 자신의 신발을 아기 낳은 후 다시 신을 수 있을까?' 하며 두려워했다고 한다.

내 최초의 기억은 남동생이 태어날 때다. 엄마가 출산이 임박하자 할머니는 서둘러 우리 세 자매를 건넛방으로 보내고 안방과 건넛방 사이에 있는 미닫이문을 닫으셨다. 만일 그때 우리 집안에 작가가 있었다면 건넛방에서 동생 태어나길 기다리는 6살 5살 3살의 고만고만한 어린 세 자매에게 눈길이 더 갔으리라. 안방에서 엄마의 진통 소리와 함께 아기 울음소리와 들리면서 "아들이야!" 하는 기쁨에 찬 할머니 목소리가 났다. 손녀 셋을 보고 첫손자를 본 할머니는 마루로 나가서 "우리 집에 아들 나왔어!"를 밤새 외쳤던 게 기억난다. 동생 생일은 1월이다. 추운 겨울날, 삭풍이 들이닥치는 마루에 앉아 손자 태어난 기쁨을 할머니는 그렇게 동네에 알리셨던 것이다.

세월은 화살같이 빠르다고 했던가? 그때 할머니에게 세상을 다 얻은 것 같은 기쁨을 주던 남동생도 육십 대 중반이 되었다. 남동생은 태어났을 때 할머니의 기를 많이 받아서인지 평생 아이들과 함께 하는 소아과 의사가 되어 많은 젊은 엄마들의 멘토가 되었다. 덕분에 우리 외손자들이 커가는 지금까지 그 덕을 보고 있다.

지금 돌이켜보니 우리 형제들 생일은 겨울철이 많았다. 세탁기나 고무장갑도 없이 모두 손빨래하던 시절이다. 펌프가 얼어 손잡이를 잡으면 손이 딱딱 들러붙고 펌프 물도 꽁꽁 얼어 가마솥에 끓인 물로 마중물을 부어 다시 물이 나오게 하는 겨울에 빨래하느라 얼마나 손은 시렸을 것이며, 하루에 열두 장도 더 나오는 아기 기저귀는 어떻게 감당했었을까?

전에는 별 관심이 없던 친정 엄마의 고생이 작은딸이 외손자를 낳고 보니 생각나는 것이다. 그에 비하면 지금의 산모들은 참 편하다. 아기 낳고 병원에서 퇴원하면 바로 산후조리원으로, 또 그 이후엔 나라에서 제공하는 산후 도우미가 3주 동안 돌보아준다. 친정엄마 할 일을 나라의 편리한 시스템이 대행해주는 것이다. 기저귀도 일회용이고, 빨래 건조기는 빨래 널고 걷는 수고도 덜어준다. 시장 갈 일 역시 손가락으로 쿠팡에 알리면 다음 날 재까닥 아파트 현관문 앞까지 배달해 준다. 얼마나 편리한 세상인가 싶은데 우리 딸은 그 와중에도 육아하느라 다크서클이 생겼다고 한다. 내게는 엄살로 들리기도 하지만, 한편 생각하면 이 시대를 살아가는 그들에게는 우리에게 없던 또 다른 문제를 떠안고 있다. 일과 육아를 병행하는 젊은이들이 많고 갈수록 악화하는 환경의 문제며, 코로나는 또 언제 끝날지도 모르는 가운데 아기를 키워야 하니 말이다. 하지만 그 어떤 시대를 맞이하더라도 새 생명은 희망의 상징이고 그 희망을 푯대 삼아 우리는 살아가는 것이다.

아가들아! 무럭무럭 자라라. 너희들의 존재 자체가 희망이란다. 꿈이란다. 행복이란다. 더 많은 젊은이가 생명을 품고 산후조리원이 다시 아가들의 울음소리로 북적북적해지길 고대해 본다.

행복하게 사는 법

코로나바이러스로 외국 여행이 어려워지면서 유튜브에서 여행 프로그램을 즐겨 보게 된다. 나는 코로나에 감염될까 봐 집 앞 식당가는 것도 조심스러운데 겁도 없이 발트 3국까지 가서 촬영하는 젊은 여행 유튜버의 패기 어린 모습이 참 보기 좋다.

6년 전 그곳에 갔을 때가 생각난다. 그때 다니던 병원을 그만둔 다음 날, 남편과 함께 북유럽과 발트 3국, 러시아로 이어지는 11박 13일의 여행길에 올랐었다. 또 여행 끝난 다음 날이면 새로 취업한 병원으로 바로 가야 했다. 기왕 그만둔 김에 좀 쉬고 싶었는데 새 병원에서 바로 나와 달라고 한 것이다. 나는 그만둔 병원과 새로 일할 곳에 끼어있는 상태로 여행을 하게 된 것이 한편 부담스럽기도 했다.

북유럽 5개국 여행을 마치고 핀란드에서 배를 타고 발트 3국에 도착했을 때는 여행 8일 차였다. 첫발을 디딘 에스토니아에서 중세 마을을 보았을 때, 나는 마치 우리 외손녀 동화책 속에 내가 들어앉은 것 같이 고풍스럽고 아름다운 성에 매료되었다. 그곳은 중세 시대에서 시간이 멈춘 거 같았다. 자갈길로 쭉 이어진 골목들도 인상적이었고, 오래된 성당과 박물관 등은 유럽을 요약한 것 같았다. 오히려 선진국 태가 줄줄 나는 북유럽보다 좀 낙후된 것 같은 발트 3국이 내게는 더 가깝게 다가왔다. 발트 3국의 현지 가이드는 '대학 다닐 때 라트비아 교환 학생으로 왔다가 정이 들어 그대로 머물게 되었다'며 자기를 소개했다. 그러면서 발트 3국은 독일, 스웨덴, 러시아 등 강대국 사이에 끼어 항상 외세에 시달리다가 1991년 구소련으로부터 독립했다는 이야기에 힘을 주었다. 그 독립을 위해 에스토니아, 라트비아, 리투아니아 세 나라의 남녀노소가 모두 손에 손을 잡아 620km의 띠를 만들었는데 현재 기네스북에 가장 긴 인간 띠로 등재되어 있단다. 러시아, 중국, 일본의 강대국 사이에 끼어 오랜 역사동안 부대 낀 우리나라와 닮은 것 같아 더 공감이 갔다. 가이드는 러시아 가요로 알고 있던 '백만 송이 장미'가 사실은 라트비아 가요 경연 대회에서 우승한 곡이라고 했다. 원제목이

'마리나가 준 선물'인데, 건국 신화의 어머니 마리나가 행복을 딸에게 주었으나 행복하게 사는 법을 알려주지 않아서 강대국의 지배를 받고 고통스러운 삶을 살았다는 것이다. 뒤이어 가이드는 '백만 송이의 장미' 라트비아어로 된 그 노래를 들려주었다. 낯선 지구 반대편에서 듣던 백만 송이 장미가 마치 우리 가요를 듣는 것처럼 반가웠다. 그런 한편으로는 '자식에게 행복하게 사는 법을 가르쳐 준다는 것은 무엇일까?'라는 화두 하나를 가슴에 품게 되었다.

차창 밖은 빨갛고 파랑 지붕으로 되어 있는 집들과 나지막한 담장 아래 열려있는 대문 앞에서 닭들이 모이를 쪼고 있었다. 담장 주변으로 조그마한 텃밭들도 눈에 들어왔다. 아파트로 둘러싸여 살던 내가 보기 힘든, 어릴 때의 풍경들을 이렇듯 멀리 와서 보는 게 참 반가웠다. 가도 가도 자작나무가 이어지고 밤 10시가 되어도 해가 나뭇가지에 걸려 내려오지 않던 백야 또한 매력적이었다. 더욱 내 눈을 끈 것은 리투아니아에서 가장 중요한 위치라는 곳에 설치된 삼성전자 광고판이었다. 발트 3국은 보수적이어서 다른 나라 기업들이 잘 들어오지 못한단다. 다른 나라 큰 기업들이 들어오려고 하다가 실패했었는데 삼성은 진출했다며 그 덕에 현지 사람들에게 목에 힘을 줄 수 있다고 가이드가 너스레를 떨었다. 멀리 나가서도 우리나라가 잘 되어가는 것을 확인한 것이 기뻤다. 여행이 끝난 후, 새로운 병원으로 첫 출근하니 낯설고 피곤하며 졸리는 뒤죽박죽한 컨디션으로 하루 해가 길었었다.

지금은 코로나란 전염병으로 해외여행이 쉽지 않다. 이런 사태를 누가 짐작이나 했겠는가? '시간은 기다려주지 않는다'는 게 여행에서도 진리 같다. 그때 소나기밥 먹듯 급하게 시간을 내어 다녀오길 참 잘했다. 퇴직한 지금은 시간에 쫓길 일도 없는데 여행을 갈 수 없어 아쉽다. 빨리 코로나가 끝나고 더 나이 들기 전에 남편과 함께 먼 나라들을 돌아보고 싶다. '마르셀 프루스트'는 여행의 진정한 의미는 '새로운 풍광을 보는 것이 아니라 새로운 눈을 가지는 것'이라고 했는데 낯선 나라에 가서 낯설게 나를 바라보고 싶기도 하다. 그때 안고 온 화두의 답은 어렵지 않게 냈다. 자식들에게 행복하게 사는 법을 알려주려면 내가 행복해지는 것이라는 걸 직접 보여주는 삶이 답이 아니겠는가.

유튜브 방송에선 유튜버가 현지인과 짧게 인터뷰하는 모습이 나온다. 라트비아 사람에게 한국에서 왔다고 하니 '오징어 게임!' 하고 반긴다. 나랑 같이 그 프로그램을 보던 남편이 "오징어 게임이 진짜 세계적이네!" 한다.

예전 그 가이드는 삼성에 대한 자부심을, 지금 유튜버는 우리 문화에 대한 자긍심을 느끼는 게 기분이 좋다. 해외에 나가면 모두 애국자가 된다는 말도 진리인가 보다.

이수진

사건은, 그것을 감당해낸 사람만을 바꾼다고 했습니다.

삶을 제대로 인식하기 위해,

그래서 조금이라도 변화하기 위해 글을 씁니다.

이수진

2021년 가을 〈창작수필〉 등단.

현재, 창작수필문인회 회원으로 활동 중.

sujinnow75@gmail.com

그 처녀의 맷돌짝

"처녀가 늙어가면 산으로 맷돌짝 지고 오른다."는 한국어 학습 사전을 뒤적이다가 우연히 발견한 속담이다. 처음 보는 이 속담의 사전적 해석은 '정신 나간 늙은 처녀가 벌이는 이상한 짓'이다. 무거운 돌을 끌어안고 산을 오르는 우스꽝스러운 모습이 머릿속에 그려져 처음엔 조롱 섞인 실소가 나왔다. 하지만 금세 웃음기는 사라졌다. 그 모습이 한때 내 모습과 중첩되어 보였기 때문이었다. 제정신이 아니어서 그런 무모한 짓을 했을 리가 없다. 다른 이유가 있을 것이 분명하다. 그 처녀는 왜 무거운 돌을 지고 산으로 갔을까? 그리고 나는 왜 히말라야로 향했을까?

히말라야 등반을 마음먹은 지는 이미 오래전이었지만, 등반에 대한 기초 지식도 체력도 없던 나는 준비 기간이 필요했다. 산악회에 가입해 겨울 산을 익히고, 수영과 달리기로 폐활량을 늘이는 훈련도 해야 했다. 그렇게 막연히 준비만 하다 보니 목표는 희미해지고 몇 해가 흘러버렸다. '정신적, 경제적 여유가 없다' 같은 떠나지 못하는 핑계는 자꾸 늘어났지만, 가장 큰 이유는 동행할 친구가 없다는 것이었다. 그러나 유난히 추웠던 서른아홉의 겨울. 갑자기. 지금 당장 떠나야만 한다는 조급한 마음이 밀려왔다. 코앞으로 다가온 마흔이라는 숫자와 낙인처럼 느껴지는 미혼 딱지가 그 이유였을 것이다.

이십 대에서 삼십 대로 넘어가는 길은 아주 수월했다. 오히려 반가웠다. 풋내 나는 철부지에서 진정한 사회인이 된다는 생각에 기쁜 마음으로 온갖 선물을 나에게 해주기도 했다. 하지만 사십 대는 달랐다. 나는 영원히 속하지 않을 것 같던 중년층으로의 진입은 거부감부터 일으켰다. 그 부작용은 이러했다. 모든 것에 조급해졌고, 변덕스러웠으며, 날이 선 면도날처럼 예민했다. 중요도와 우선도, 옳은 것과 그른 것에 대한 판단력은 안개처럼 흐렸고, 거의 매일 술과 친구들에 휩싸이지 않으면 위기라는 불안감이 나를 덮쳤다. 비비 꼬인 미궁에 빠진 기분이었지만, 내 손엔 미궁에서 탈출시켜 줄 '아리아드네의 실' 따위는 없었다. 그러니 이 모든 혼돈을 뒤로한 채 홀로 떠나는 여행은 나에겐 비상구처럼 느껴졌다. 아무리 피하고 싶어도 방법이 없다면 당당하게 마흔과 정면충돌하자. 그리고 이유도 그럴듯하지 않은가?

"난 마흔을 맞이하러 히말라야로 간다. 이 질척거리는 것들아!"

일주일 만에 모든 준비를 끝내고 카트만두행 비행기에 몸을 실었다. 한 달간 이뤄진 히말라야 등반은 나의 예상과 매우 달랐다. 몇 단어로 압축하자면 '춥다, 아프다, 외롭다, 그립다, 정말 춥다'이다. 외로움에 혼잣말을 하다가 안되는 영어로 다른 등반객들과 짧은 대화를 시도한다. 대화해 줘서 고맙다. 야크 담요로 온몸을 감싸고 먹는 코쿠리 위스키와 야크 육포가 최고의 위안이었고, 산장지기들과 하는 카드놀이가 유일한 오락이었다. 대부분의 시간은 대자연 속에서 처절하게 혼자가 되었다. 무엇을 기대했던가? 무엇 때문에 이토록 높은 곳까지 왔단 말인가? 고독을 견디지 못한 나는 그저 산행이 빨리 끝나기만을 바라고 있었는지도 모른다.

어물쩍 새해가 밝았다. 눈부신 아침 햇살 아래 차디찬 아침밥을 먹다 말고 갑자기 서러운 마음에 울컥한다. 마흔과 멋지게 조우하기는커녕, 난 내게 들러붙어 있는 그 질척이고 육중한 것들 중 무엇 하나도 버리지도 못했다. 나는 변함없이 그대로였다. 힘겹게 지고 올라온 돌덩이를 그대로 다시 지고 내려가는 꼴이었다.

해발 4200미터까지 내가 짊어지고 오른 그 질척이고 무거운 것은 시시포스의 바위였을까? 시시포스는 신들을 조롱한 대가로 계속 굴러떨어지는 바위를 산꼭대기로 밀고 올라가야 하는 형벌을 받았다. 영원히 반복되는 이 벌은 끝이 없다는 체념의 무게까지 더해져 그가 산 정상을 향해 온몸으로 바위를 밀며 올라갈 때의 고통을 더욱 가중시켰다. 하지만 카뮈의 〈시지프 신화〉에서는 다른 해석을 볼 수 있다. 바위를 끌고 산을 오를 때는 희망 없는 고통으로 느껴지지만, 돌을 굴려 내려보낼 때는 위안과 휴식을 받는다는 것이다. 그것 때문에 시시포스는 그 끝없는 형벌을 계속해 나갈 수 있다는 것이다. 삶은 스물이나 마흔이나 일흔이나 똑같이 부조리하다. 스물의 시시포스는 어쩌면 이번엔 돌이 굴러 내려가지 않을 수도 있다는 희망을 놓지 못하지만, 일흔의 시시포스에게는 그런 환상이 없다. 그러니 실망도 없다. 이렇듯 '참담한 운명에 언제나 따르는 체념. 그것 없이 삶을 그냥 받아들이는 것'이 우리의 과제라고 카뮈는 말하고 있다.

제구실 못 한 나이 든 처녀를 비하하는 옛 속담인 "처녀가 늙어가면 산으로 맷돌짝 지고 오른다."를 나는 카뮈식으로 해석해 본다. 그 나이 든 처녀는 본인의 한심한 처지에 좌절해 정신줄을 놓은 것도 아니고, 넘치는 욕망을 해소하려 쓸모없는 일에 안간힘을 쓴 것도 아니다. 고단한 삶을 살아가다 별안간 늙고 병드는 것이 무거워 견딜 수 없게 느껴졌을 때, 체념하지 않으려는 방법을 찾은 것이다. 그것은 무거운 돌덩이를 언덕 위에서 굴려버리는 것이다. 굴러떨어지는 돌덩이를 내려다보며, 가볍게 산 아래로 내려올 때의 희열을 즐기려 했던 것 뿐이라고.

최영미 시인은 〈서른, 잔치는 끝났다〉에서 지나간 날은 지금과 아무 상관 없는 기억일 뿐이며, 서른의 잔칫상은 치워졌지만 동트기 전 새로운 사람들이 둘러앉을 새 잔칫상이 차려질 것이라 말한다. '시시포스의 바위'나 '그 처녀의 맷돌짝'과 일맥상통하는 비유다. 나이 듦. 비록 그것이 형벌이라 하더라도 그냥 받아들이란 말이다. 하지만 나이든다는 것이 어찌 형벌뿐이겠는가? 더 잘 차려진 잔칫상이 거기 있을지도 모르는데.

내년이면 마흔아홉의 겨울이 서슬 퍼렇게 찾아올 것이다. 짊어지고 올라야 하는 맷돌짝의 무게가 얼마일까 걱정이 되기는 한다. 하지만 상관없다. 이번에는 산 정상에서 아주 우아하고 가볍게 굴려 내려보낼 자신이 생겼으니까. 그리고 맷돌을 찾으러 돌아가는 내리막길에서 느긋한 여유와 휴식을 취할 것이다. 또 다른 시인은 노래했다. 올라갈 때 못 본 그꽃을 내려올 때 보았노라고.

헤이, 부라더

장마의 꽁무니를 태풍이 뒤따라온다. 아직도 장마 기운에 축축한데 비바람까지 걱정돼 창문을 닫고 있으려니 높은 습도에 제습기만 터지기 일보 직전이다. 대형 태풍 '힌남노'는 엉덩이가 무겁다. 태풍 특보 방송은 이미 삼 일째 계속되고 있지만, 태풍은 아직 대만 부근에서 서성대고 있다. 긴장되는 시간은 더디게 간다. 그러다가 태풍 움직임에 속도가 붙자 순식간에 제주도를 통과한다. 우려와 다르게 큰 피해 없이 지났다 생각했다. 며칠 뒤 침수 현장을 발견하기 전까지 말이다.

우리 집 옥상에는 창고로 쓰이는 컨테이너가 한 채 있다. 삼십여 년 바닷바람을 맞아 녹슬고 바닥은 삐걱거리지만, 아직 창고로 쓸 만하다. 창고에는 이 집보다 더 오래된 물건들이 산처럼 쌓여 있다. 한동안 열 일하다 이젠 창고로 몰려나 잠들어 있는 그 많은 물건. 그 창고 바닥에 물이 들어찼던 것이다. 창문이 열렸던 것인지 벽 틈새로 비가 샌 것인지 알 수는 없다. 문제는 나의 정리 못 한 이삿짐 상자도 그곳에 있었다는 것이다. 구두와 가방들이 가득 들어있는 큰 종이 상자는 물에 불어 이미 흐물거렸다. 바닥에 들러붙은 상자를 끌어내려 하자 곰팡이 포자를 사방으로 날리며 터져 버린다. 가죽으로 된 클러치와 구두들이 이미 곰팡이에게 점령당했음을 확인한 나는 참담한 심경이 되었다.

뜨거운 태양 아래 젖은 물건들을 끄집어내 일일이 살피기 시작하자 혈압이 상승한다. 아끼던 클러치 세 개는 이미 사망했다. 그나마 구두 몇은 빛의 속도에 가까운 손놀림으로 곰팡이를 털어내고 햇볕에 말려 가까스로 소생시켰다. 이마에 맺힌 땀을 훔치고 나니 그제야 침수된 다른 물건들에도 눈을 돌릴 여유가 생겼다. 그중 물에 퉁퉁 불어 있는 사과 상자만 한 크기의 낯설지 않은 나무 상자가 눈에 띄었다. 만만치 않은 무게를 자랑하는 그 상자는 '부라더'의 관이었다.

재봉틀 '부라더 B200'. 엄마의 농지기인 부라더는 창고에 있는 물건 중 가장 오래된 놈이다. 내 어릴 적 기억 속 부라더의 모습은 지금과 전혀 달랐다. 아방가르드 풍의 근사한 네 개의 철제 다리를 갖고 있었고, 튼튼한 다리 사이에는 더 튼튼해 보이는 철제 발 구름판이 달려 있었다. 다리가 지탱하는 상판 위엔 오묘한 곡선 형태의 밝은 청록색 쇳덩이가 존재감을 뽐내며 올라앉아 있었다. 본체 오른쪽엔 투박한 손 핸들이 달려 있고 여기저기 작은 조작판도 많아 까다로운 기계처럼 보이지만, 노루발 위엔 아름다운 장식이 가면처럼 둘려 있다. 그래서 기계치고는 우아한 매력이 있었다. 마치 우락부락 근육질 몸매에 예쁜 얼굴이 반전이라는 듯이 말이다. '드르륵드르륵' 엄마의 발에 맞춰 내는 낮은 음의 정교한 박음질 소리도 얼마나 듣기 좋았던가!

손재주가 좋았던 엄마는 한시도 손을 놀리는 법이 없었다. 예쁜 옷감을 떼어와 네 자매에게 엄마표 원피스를 만들어 입혔다. 원피스뿐이던가? 보조 가방, 앞치마, 커튼, 무릎과 팔꿈치가 헤진 내복 깁기, 찢어진 아빠의 작업복 수리, 큰 옷은 작게, 작은 옷은 크게…, 일일이 열거할 수도 없는 많은 일이 부라더 하나로 마법처럼 해결되었다. 부라더는 딸 부잣집 엄마의 든든한 조력자였음이 틀림없었다.

세월이 지나며 큰 몸집의 부라더는 사용과 보관이 편리하도록 개조되었다. 멋진 다리를 뜯어내고 자동 모터를 단 앉은뱅이 신세가 되었다. 개조를 거치고도 한참을 더 일했던 부라더는 점점 그 사용이 뜸해지더니 아예 옥상 창고에 자리 잡고 눌러앉아 버렸다. 빗물에 젖어 창고 밖으로 끌려 나오기 전까지 그 조그만 관속에 잠들어 있었던 것이다.

뚜껑을 열고 묵직한 쇳덩이를 들어 올리니 삭아버린 합판 나무 상자는 그 무게를 이기지 못하고 주저앉아 버린다. 부서진 나뭇조각들을 걷어내고 실로 오랜만에 부라더를 마주한다. 몸뚱이는 삭아 청아했던 제 색을 잃었고, 색색의 실들이 걸렸던 걸쇠엔 거미줄을 얹고 있다. 녹이 슬지 않은 부분이 하나도 없다. 그 예뻤던 얼굴에도 검버섯처럼 녹이 피었다. 쓰다듬는 내 손길에 부라더 마크가 산산이 부서져 내린다. 어찌할 바를 몰라 한참을 멍하니 바라만 본다.

엄마가 있었으면 이렇게 너를 방치하지 않았을 텐데. 엄마만 있었으면…. 하지만 엄마는 없다. 엄마의 죽음과 함께 잊히고, 버려져 있었다는 사실을 부라더는 이미 알고 있는지도 모른다. 그래서 삶을 포기한 모습으로 숨죽여 잠들어 버린 것인지도. 불현듯 관에 누워있던 엄마의 마지막 얼굴이 떠오른다. 장례지도사는 입관식 마지막에 고인의 얼굴을 쓰다듬고 마지막 작별 인사를 하라 했다. 하지만 난 엄마의 얼굴을 만질 수가 없었다. 차갑게 식은 엄마의 얼굴을 쓰다듬으면 내가 부서져 내릴 것 같았다. 비현실적인 현실이 두려워 떨림이 멈추지 않았다. 그 두려움 때문에 엄마의 마지막 얼굴을 지금처럼 바라보기만 했다. 관 뚜껑이 닫히자 그제야 다시는 볼 수 없다는 생각이 들었지만, 너무 늦었다. 차디찬 그 얼굴 한번 보듬지 못한 나의 미련이 아직도 마음에 얼룩으로 남아 지워지지 않는다. 그래서 부라더를 바라보는 마음이 이리도 아릿한 것일까?

무덤 같은 그 창고에는 엄마의 손길이 닿지 않은 물건이 하나도 없다. 물건 하나하나 엄마가 어른거리며 오래된 영화처럼 기억이 떠올라 미소를 짓다가도 울컥하기 십상이었다. 그러니 창고를 정리하는 것도, 쓸모없어진 물건을 버리는 일도 불가능했다. 하지만 이젠 피할 수가 없는 노릇이다. 창고도 이제 제 생명을 다했으니 돌아오는 봄에 철거될 것이다. 온 가족이 함께 울다가 웃다가 하는 이상한 창고 정리가 되겠지. 엄마는 이런 방식으로라도 자신을 잊으라고 하는 것일까? 그래야 산다고. 힘내라고.

관에서 나온 부라더는 이제 골동품 취급을 받겠지만 엄마와 함께한 기억과 의미는 내가 살아있는 한 퇴색되지 않을 것이다.

해가 좋은 날. 말끔히 녹을 털어내고 광을 내야겠다. 온기 있는 엄마의 얼굴을 쓰다듬듯이 엄마와의 추억도 닦아봐야지. 그리고 엄마 사진 옆에 나란히 놓아 주어야겠다. 그러면 내 마음 깊은 얼룩도 조금은 옅어지려나….

끌림과 당김

우리는 모두 지구에 살고 있지만 각자는 외로운 행성 같은 존재다. 〈화성에서 온 남자, 금성에서 온 여자〉처럼 성별로 나뉠 필요도 없는 전혀 다른 생태계의 행성들이다. 그런 각양각색의 행성들이 광활한 우주를 떠돌다가 우연한 만남이 기적처럼 이뤄져 인연을 만들기도 한다. 하지만 행성이란 것이 질량이 클수록 끌어당기는 힘이 강해 작은 행성들을 거느리기 마련인데, 비슷한 질량을 가진 행성을 만난다면 과연 그 역학 관계가 어떻게 될까? 누가 끌리고 누가 당기는지 단번에 알아차릴 수 있을까?

나에겐 이십여 년 넘게 알고 지낸 사진작가 '윤'이 있다. 그의 개인전 초대에 한 번도 못 간 것이 내내 마음에 걸렸었다. 그러던 차에 그의 '부산아트페어' 초대에 무거운 엉덩이를 움직이기로 마음먹었다. 오랜만에 하는 봄나들이 겸, 다양한 예술품도 구경할 겸, 부산행 비행기에 몸을 실었다. 공항에서 '벡스코BEXCO' 전시장까지 즐비한 벚나무에서는 더는 버틸 힘이 없는 꽃잎들이 흩날리고 있었다. 봄의 끝자락은 언제나 아쉬움에 마음이 시큰하다. 나를 기다리느라 점심때도 놓친 '윤'은 내가 도착하자마자 건물 지하 식당으로 향했다. 낙지볶음과 소주를 시키고는 낮술을 권했다. 허기를 채운 '윤'은 어제 서울에서 온 후배 하나가 아직 부산에 있고, 식사를 하러 이곳으로 곧 올 것이라고 내게 알려주었다. 오래전에 나도 몇 차례 봐서 아는 사람이니 괜찮을 것이라고 했다. 나를 알고 있는 인물의 등장은 그리 반갑지만은 않다.

얼마 지나지 않아 '윤'의 후배가 나타났다. 이름도 얼굴도 낯선 '석'은 '윤'의 후배라기보다는 영국 유학 시절 인연으로 알고 지내는 친한 동생이었다. 포마드로 정갈하게 쓸어 넘긴 머리카락, 네모난 검은 안경테, 앙다문 입매와 굵은 선의 이마, 전체적으로 매우 고집스러워 보이는 인상인데다 잔뜩 찌푸린 미간에는 간밤의 숙취가 남아 있는 듯 신경질적으로 보였다. 창백하고 네모반듯한 얼굴에 아무렇게나 입은 모양새가 어울리지 않는 것이, 입고 온 옷 대신 근처 의류 매장에서 급조한 차림임이 매우 티가 났다. 아무리 생각해도 전에 본 기억이 없었다. 인사는 하는 둥 마는 둥 자리를 잡고 앉더니 고집스레 자기는 안 먹겠다며 주문을 기다리고 서 있는 점원을 비롯해 우리마저 당황케 하는 그의 행동은, 그가 매우 눈치가 없거나 자리의 불편함을 온몸으로 내색하는 사람으로 보였다. 하지만 불쾌할 정도까지는 아니었다.

"하하. 얘는 벌써 갔다 왔어. 어젠 여자 친구와도 헤어졌다니까?"

까칠한 분위기를 말랑하게 만들고자 한 소리였겠으나 '윤'은 뜬금없는 말을 던졌다. 남의 이별사가 무슨 재미가 있겠는가? 하지만 자연스레 이어지는 이별의 소재들로 대화 분위기는 금세 편안해졌다. 소주 서너 병을 나눠 마신 우리는 취기가 올랐다. 이러다가 '윤'의 작품도 못 보고 제주도로 돌아갈까 싶어 전시장으로 돌아왔다. 넓은 전시장을 이리저리 구경하다 보니 금세 시간이 가버렸다. 지금 공항으로 출발해야 비행기를 놓치지 않을 테지만, 짧은 만남이 아쉬웠던 '윤'은 다른 작가들과 갤러리 관장도 소개해 줄 테니 한잔 더 하고 가라며 나를 붙잡는다. 잠시 생각해 보지만 아무래도 즉흥적인 외박은 나에겐 무리다.

"수면제가 없어. 수면제 없으면 잠을 못 자. 이만 갈게. 작품은 다음에 살게!"

아쉬워하는 '윤'과 이마가 바닥에 닿도록 정중히 인사하는 '석'을 뒤로하고 시간에 쫓기는 신데렐라처럼 급히 전시장을 빠져나온 나는 제주도로 돌아왔다. 아! 수면제. 나의 오랜 동지여,

너는 봄날의 유흥마저 포기하게 만드는구나.

'석'의 저돌적인 메시지가 날아든 것은 바로 다음 날 아침이었다. 머뭇거렸던 것인지 띄엄띄엄 보낸 여러 개의 문장을 합쳐보면 '지금 부산 공항임. 서울과 제주도 사이에서 고민 중. 지금 제주도로 가면 당신을 만날 수 있나?'였다. 이런! 나에게 끌리는 사람이 생겼나 보군. 내가 아직도 타인에게 매력적으로 보인다는 사실은 잃어버렸던 자신감을 슬그머니 불러일으켰다. 하지만 '석'에게 특별한 관심이 없었던 나는 평온한 자세로 대처했다. 며칠 후 주말에 제주에서 만날 것을 약속했다.

다시 만난 '석'은 마치 나를 처음 보는 사람처럼 살피기 시작하더니 '역시, 이랬군, 어쩐지' 등의 혼잣말을 했다. 이혼 후 한동안 수면 장애로 고통받았던 '석'은 나의 수면제 이야기에 동질감을 느꼈고 그로 인해 유발된 호기심은 나에게 연락을 안 하곤 못 배기게 만들었다는 것이었다. 얼굴을 자세히 보지도 못해 생김새도 명확지 않았지만, 분명 친구도 없고 외로울 것이라고 짐작한 그는 나를 수면제의 나락에서 빠져나올 수 있도록 도와주고 싶다는 열망이 일었다고 했다. 단지 방법을 모르는 것이 함정이었지만. 그런데 다시 만나보니 외롭지도, 수면제에 의지할 사람 같아 보이지도 않는다는 것이었다. 당연히 그럴 것이었다. 난 내가 매력적이라는 착각에 빠져 스스로를 거대 행성인 것처럼 부풀렸기 때문이었다. 부끄러움으로 붉어진 얼굴은 소주 탓으로 돌렸다. 친구가 되고 싶다는 그의 말엔 진심이 느껴졌다. 어쭙잖은 동정은 아니라고 확신했다. 그렇다면 무엇일까? 그는 나에게 끌린 것이 분명하다. 나의 무엇이 그를 끌어당겼을까? 봄의 끝이 만드는 낭만적 운명론? 고통을 통감하는 연민? 타인의 고통으로 자신의 불행을 잊으려는 잔혹함? 아니, 내가 그에게 끌린 것인가? '석'은 우리의 만남은 운명이라며 그 이유를 열정적으로 나열하기 시작했다. 하지만 과장이 들통난 나는 이내 시큰둥해졌다.

"운명적 만남이란 건 없어. 그냥 봄이라서…, 그래서 그런 거야."

우주적 관점으로 보면 두 행성의 충돌은 굉장한 이벤트임엔 틀림이 없다. 그 충돌로 둘 중 하나가 소멸할 수도, 화려한 쇼를 선보이며 둘 다 아예 먼지처럼 사라져 버릴 수도 있기 때문이다. 같은 태양을 바라보며 다른 궤도를 돌고 있다면 좀 외롭기는 하겠지만 평화롭게 공존할 수 있다. 그러나 저 창백하고 네모반듯한 행성은 나의 궤도에 진입해 보기로 마음먹은 듯 보인다. 나는 그 미지의 행성이 나보다 큰지, 가벼운지, 무거운지, 아니면 나와 충돌하려는 혜성일지 알 수 없어 불안하다. 하지만 문은 열어봐야, 사람은 부딪혀봐야 알 수 있으니 조심스레 궤도 진입을 허락해 본다.

내가 대신 싸워줄게

"누구야! 누가 그랬어? 울지 마! 내가 혼내줄 테니까."

초등생 시절 이유도 모르고 괴롭힘을 당한 적이 있다. 나보다 한두 학년 높은 남자애들 패거리였다. 어른들에게 말하면 가만두지 않겠다는 협박에 겁을 집어먹은 나는 아무에게도 말 못 한 채 며칠을 혼자 끙끙거리고 있었다. 나보다 한 살 많은 언니도 나와 같은 학교에 다니고 있었다. 평소 같았으면 본체만체했을 언니는 하릴없이 울고 있는 나에게 이유를 듣더니 녀석들을 가만두지 않겠다고 다짐했다. 그리곤 나를 대신해, 정말 그 패거리와 한판 붙었다. 어디서 그런 용기가 났던 걸까? 말싸움은 곧 육탄전이 되었고 언니는 패거리 중 제일 큰 녀석과 주먹다짐까지 벌였다. 싸움 구경에 아이들이 모여들고 선생님도 나타나자 패거리는 어느새 도망가고 없었다. 놀라서 울음보가 터진 나와는 달리 시뻘건 얼굴의 언니는 맞고 울기는커녕 더 못 때린 게 억울하다는 표정으로 씩씩거렸다. 비겁한 녀석들은 이후에도 나를 종종 괴롭혔지만 더는 예전처럼 울지 않았다.

살면서 싸워본 적이 있는가? 내가 말하는 싸움은 거창한 명분의 전투가 아니다. 지극히 원초적인 문제 때문에 발생하는 치열한 소통을 말하는 것이다. 하루하루가 싸움터인 세상에서 두려움에 떨며 울어봐야 해결되는 건 아무것도 없다는 것을 일찍 깨달았을지도 모른다. 그래서일까? 부조리한 상황이 나를 향하면 본능적으로 눈에 쌍심지가 켜지며 싸움닭 기질이 나도 모르게 솟구쳤다. 말싸움부터 육탄전까지. 상황이 그것을 필요로 한다면 주저하지 않았다. 혹자는 내가 만드는 불편한 상황에 '좋은 게, 좋은 거야', '지는 게 이기는 거야'라고 말했다. 하지만 그게 누구를 위한 것이란 말인가?

다급한 호출을 받고 S 병원 응급실로 달려갔다. 엄마는 한여름임에도 불구하고 바들바들 떨며 응급실 앞 수많은 대기 환자들 사이에 끼어있다시피 앉아있었다. 암세포가 전이된 척추의 통증을 진료일까지 견딜 수 없던 엄마는 당장 입원할 요량으로 S 병원 응급실로 무작정 찾아온 터였다. 하지만 그날따라 응급실 환자가 너무 많아 대기 시간이 길어졌고, 설상가상으로 빠른 검사를 위해 한 끼도 먹지 않은 엄마는 얼마 안 가 저혈당 쇼크가 왔다. 나는 긴급상황임을 큰소리로 외쳤다. 간호사 한 명이 달려오더니 응급조치를 취했다. 하지만 빈 침상이 없어 당장은 입원이 안 된다는 거였다. 내일이면 병동에 침상이 나오니 오늘만 다른 병원에서 지내고 다시 오라는 것이었다. 하는 수 없이 응급실이 운영되는 가까운 병원으로 응급차에 엄마를 싣고 향했다. 환자의 진료 기록을 같이 보내니 아무 걱정 하지 말라고 간호사가 일러주었다.

그 말만 믿고 T 병원 응급실로 엄마의 휠체어를 끌고 들어갔다. 그런데 당직 의사가 환자 기록을 살피고는 채혈을 하자고 한다. 엄마는 그 소리에 흠칫하더니 겁먹은 눈빛으로 나를 쳐다보며 고개를 가로저었다. 앙상한 엄마의 팔과 다리는 혈관이 숨어버려서 여러 차례 바늘을 찔러야 채혈이 가능했다. 그것은 엄마에게는 참기 힘든 고통 중 하나였다. 의사가 기록을 제대로 보지 못한 것은 아닐까 싶어 이곳에 오기까지의 일들을 세세히 다시 알려주었지만 소용없는 일이었다.

"응급실에 오면 우선 피를 뽑아 검사를 해야 합니다. 절차가 그래요. 그래야 입원을 하죠."

"하지만 지금은 특수한 상황이잖아요. 채혈과 검사는 이미 S 병원에서 다 하고 온 거예요. 당장 입원이 안 돼서 어쩔 수 없이 하루만 여기로 온 건데, 안 그래도 아픈 사람을 절차 때문에 괴롭힌단 말입니까?"

"아니! 그냥 아무나 입원시키면…, 여기가 무슨 여관입니까?"

그냥 '여관'하라고 말하고 싶었다. 환자를 볼모로 불필요한 절차를 운운하며 보호자의 복종을 요구하는 의사의 태도라니. 팽팽한 말다툼이 이어졌다. 그렇게 의사가 채혈을 포기하려던 찰나, 엄마가 팔을 내어주었다. '그만해라. 괜찮다.' 결국 무자비하게 바늘을 찔러 잘 나오지도 않는 피를 뽑아내고야 만다. 그렇게 뽑은 피는 아무런 검사도 할 수 없는 미량이었다. 여관보다도 허술한 입원 절차를 마치고 나서야 엄마를 침상에 눕힐 수 있었다.

아리스토텔레스는 마땅히 분노할 만한 일에 대해 분노하는 사람은 바보가 아니라고 했다. 오히려 수치를 당하고도 저항을 회피하는 것은 자신을 지켜야 하는 의무를 저버리는 것이라고 말했다. 하지만 분노로 인한 싸움은 보호해 주려는 사람까지 위험한 상황으로 만들 수 있으므로, 분노의 원인은 중요하다. 가끔 이유 없는 분노가 일어나기도 한다. 한참 화내다가 왜 화가 났었는지 잊어버리는 이유가 그것이다. 그때의 분노는 단순히 신경질적인 반응이었을 가능성이 크다. 그런 것들은 해결이 간단하다. 고장 덩어리 새 차나, 알코올 의존증 남자친구나, 그런 종류는 고치면 되고 헤어지면 그만이다. 하지만 싸움도 불사할 만한 거대한 분노는 쉽사리 해결되지 못하는, 정답 없는 문제일 경우가 많다. 그렇다고 피하기만 한다면 문제는 더 커져 오히려 큰 피해로 이어질 수도 있다.

엄마를 S 병원 암 병동으로 입원시킨 지 며칠이 지났다. 그러나 엄마의 상태는 시간이 지나도 호전될 기미가 보이지 않았다. 오히려 엄마의 몸속 혈관 하나가 암 덩어리에 눌려 터지고 말았다. 담당 의사는 출혈 위치를 찾아 막아 보겠지만, 만일 지혈이 안 될 땐 수혈에 한계가 있으니 '마음의 준비'를 하라고 했다. 눈앞이 캄캄해진다. 하지만 난 의연해야 했다. 엄마에게 절대 티 내지 말아야 했다. 급히 가족들을 호출하고, 엄마의 CT 촬영을 지켰다. 잔뜩 불안해하는 엄마에게 별일 아니라고 진정시키느라 진땀이 났다. CT 촬영이 끝나고 암 병동 관찰실로 돌아왔다. 그런데 한참이 지나도록 아무도 들여다보지 않는 것이다. '마음의 준비를 하라더니!' 차오르는 분노를 억누를 수 없었다. 바로 옆 간호사실로 들어가 새된 소리로 외쳤다.

"환자가 왔는데, 왜 아무도 체크 안 해요? 수혈도 다시 하고 바이탈도 달아야 하는 거 아니에요? 왜 환자를 방치하는 거예요!" 놀란 간호사들은 그제야 움직이기 시작했다. 분노에 휩싸인 난 양 주먹을 그러쥐고 곧 휘두를 것 같은 자세로 노골적으로 분노를 뿜어냈다. 엄마에게 적절한 조치가 끝날 때까지.

초조했던 몇 시간이 지난 뒤 천만다행으로 출혈이 멈췄다. 위험에서 벗어난 안도가 주는 잠시의 여유였을까? 오묘한 미소를 띤 엄마가 막 병원에 도착한 언니에게 슬쩍 말한다.

“재는 막 뭐라고 한다. 의사든, 간호사든.”

나도 모르게 고이는 눈물을 털어 냈다. 그나마 부당한 처사에 항의하는 내 편이 있어 다행이라는 소리로 들렸다. 부족한 내가 해줄 수 있는 게 고작 이런 것뿐이라 미안한 마음이었다. ‘그러니까 엄마도 좀 더 싸워줘. 내가 막을 수 있는 건 다 막아 줄게.’ 마음속으로 다짐했다. 그럼에도 불구하고 그 입원은 엄마의 마지막 입원이었다.

살면서 누군가를 위해 싸워본 적이 있는가? 언니는 겁 많은 나를 위해 싸웠고, 엄마는 우리를 위해 암과 싸웠고, 나는 엄마를 위해 닥치는 대로 싸웠다. 싸움의 명분이 무엇이냐에 따라 그 싸움은 위대한 것이 되기도, 바보짓이 되기도 한다. 하지만 사랑하는 이를 위해 싸운다는 것에 이유는 중요하지 않을 수도 있다. 사랑하는 사람의 창과 방패가 되어주는 것이 승패를 떠나 유일하게 가치 있는 싸움일지도 모른다.

‘내가 대신 싸울게.’는 가장 강력한 사랑의 표현이라는 생각이 든다. 단지 사랑하기 때문에 용기 내어 싸울 수 있는 것이다. 요새 들어 더욱 그러한 생각이다. 사랑하는 사람을 잃고 아파하는 사람들의 정당한 분노조차 외면하는 잔인한 세상이다.

사랑한다면, 차라리 분노하고 싸워라! 아무것도 못 했다는 자책으로 후회하는 삶보다 한탕 싸워내는 것이 스스로에게 덜 부끄러운 것일지도 모르니까.

요즘 연애

지인의 첫 개인전 초대에 당일치기 일정으로 제주에서 서울로 향했다. 소격동에 위치한 전시장으로 출발하기 전 선물로 준비한 와인에 축하 글도 쓸 겸, 출출한 속도 달랠 요량으로 김포공항 내에 있는 핫도그 집 한편에 자리를 잡았다. 바로 옆 테이블에는 20대 초반으로 보이는 젊은 남녀가 서로를 마주하고 앉아있었다. 제주도 여행을 마치고 돌아온 커플이다. 여행지에서의 이야기를 제법 큰소리로 떠들고 있어서 알 수 있었다. 하지만 그들은 대화 내내 각자 손에 들려있는 휴대폰 화면만 보고 있었다. 시선 교환 없이 단답형으로 오가는 그들의 대화가 내 눈엔 매우 기이하게 보였다.

남: 너 ▇▇ 알아? 걔 음악 들어 봤어? 아주 환장해.

여: 난 너한테 환장하는데?

그들이 연인 사이임을 증명하는 이런 식의 대화에 내 손발만 오그라든다. 하지만 이런 낯 뜨거운 대화를 나눌 때조차 그들의 시선은 변함없이 휴대폰에 고정되어 있었고, 간간이 들려오는 그들의 가식적인 대화는 마치 관객에게 보여주려는 듯 연출된 느낌마저 들었다. 혹시 유튜버인가? 카메라가 있는지 나도 몰래 주변을 살폈다. 저들은 진짜 연인 사이가 맞을까? 요즘엔 저렇게 대화하나? 요새 애들이란…. 젊은 그들이 신경 쓰였던 난 몇 줄 안 되는 축하 글 작성에 시간이 한참이나 걸렸다. 써 내려가던 내용 중 '찬란히'란 단어에서 막혀 버렸기 때문이었다.

찬란히…, 찬란히 빛나는 젊음. 2014년 1월. 사진작가 라이언 맥긴리Ryan McGinley의 전시가 서울에서 열렸다. 전시 제목도 〈청춘, 그 찬란한 기록〉인 만큼 젊은이들이 열광하던 그 전시는 실오라기 하나 걸치지 않은 천둥벌거숭이 무리가 여기저기 나다니는 몽환적인 사진들로 가득했다. 작가는 꿈꾸는 모든 것이 가능하고, 이 세상에 불가능은 없을 거라고 생각하는 젊은이 특유의 낙천적인 감성이 좋아 그것을 렌즈에 담았다고 했다. 평소 좋아하던 작가였지만, 이제 막 40대에 진입한 나에게 이번 전시는 '접근금지' 명령처럼 느껴졌었다. 하지만 난 당당하게 전시장에 입장할 수 있었다. 왜냐하면 20대의 풋풋한 청년과 함께였기 때문이다. 그때 나는 나보다 한참 어린 청년에게 빠져있었다. 불꽃

튀는 연애 분위기에 나이 차이는 아무런 장애도 되지 않았다. 오히려 말 한마디, 몸짓 하나 놓칠까 시선은 언제나 서로를 향해 있었고, 모든 것이 궁금해 안달 내고 있었다. 다른 이의 시선은 안중에도 없고, 어디를 가나 그 공간엔 우리 둘뿐이었다.

사진전과 협업 전시 중이던 유희경 시인의 시가 사진보다 내 눈에 먼저 들어왔다. '다음은 없다. (…) 가치와 기준도 없다. 그러니 가르치려 들지 말라. 천년의 바위가 되느니, 찬란한 먼지가 되겠다.' 단어 하나하나가 마음에 비수처럼 꽂혔다. 지금이 아니면 소용없다. 당장 찬란히 불타올라라. 그것이 젊음이다. 후회가 남지 않도록 거침없이 사랑하며, 격정적인 감정 표출을 독려하는 시인의 말에 난 한층 더 격앙됐다. 그래! 그런 사랑을 할 수 있다면 난 아직 청춘이다. 한참을 청춘 예찬에 들떠 있던 내게 그 청년이 천진난만한 표정으로 말했다.

"그거 알아? 당신, 우리 엄마랑 다섯 살 밖에 차이 안 난다? 웃기지?"

뜨겁게 달궈진 쇠에 찬물을 끼얹은 것처럼 갑자기 정신이 번쩍 들었다. 들떠 있던 마음이 수증기처럼 순식간에 흩어져 버렸다. 그리고 채 한 달도 지나지 않아 나는 그 청년과 작별했다. 그들처럼 낙천적이 될 수 없다는 것도 인정했다. 그때 난, 젊음에 중독되었던 것이었을까? 내 나이를 인정하기 싫어서 젊음의 꼬리라도 붙잡고 싶었나?

아일랜드의 극작가 조지 버나드 쇼George Bernard Shaw는 '젊음은 젊은이에게 주기에는 너무 아깝다'고 말했다. 젊은이들은 젊음의 귀중함을 아직 몰라, 그것이 영원할 줄 알고 마구 낭비해 버리는 것이 못마땅하여 그리 말했을 것이다. 서로에게 집중하지 못하고 허튼짓에 시간을 낭비하는 것처럼 보이는 요즘 연애를 보는 내 마음이 씁쓸했던 것처럼. 하지만 그것 또한 젊음의 특권 아니겠는가?

잊고 있었던 젊음의 감성이 새삼 떠올라 난 '찬란히'란 단어에서 멈칫했던 것이었다. 그 의심스러운 젊은 커플이 자리를 뜨자, 난 그제야 축하 글을 완성할 수 있었다.

"혜성 언니. 첫 개인전 축하해요! 찬란히 빛나는 작가로 성장하기를 언제나 응원합니다."

청춘이란 인생의 한 시기가 아니라 마음의 상태라고 어느 시인은 말했다. 그렇다. '찬란히'는 폭죽처럼 요란한 20대의 소유가 아니다. 오히려 엄청난 압력과 긴 시간을 견뎌낸 다이아몬드에 걸맞은 표현이다. 50대 중반 나이에 회화 작가로서 첫발을 내디딘 오늘 개인전의 주인공을 봐도 그렇다. 불가능은 없다는 믿음, 그것을 증명한 자신감과 열정으로 그녀는 다이아몬드처럼 빛나고 있다. 그리고 더욱 찬란할 것임을 나는 확신한다. 그것은 나 자신에게 하고싶은 말일지도 모른다. 거침없이 변화에 도전하고 후회없이 즐긴다면 '찬란'이란 것엔 정해진 때가 없는 법이라고.

모든 것을 잃는다는 것

화들짝 깨어나 시간을 확인한다. 이런 젠장! 지각이다. 이불을 제치고 벌떡 일어나다가 멈칫한다. '아 맞다! 나 회사에서 잘렸지.' 그리곤 이내 깊은 이불 속으로 숨어 들어간다. 오랜 세월 노동자로 살아온 나에게 아침에 일어나 가야 할 곳이 없고, 그 어느 것도 신경 쓸 게 없어진 삶은 나를 급격히 초조하게 만들었다. 내면에 깃들어 있던 불안이 슬금슬금 표면으로 기어 나오고 있는 것이 느껴졌다.

그 무렵 시작된 치통과 두통은 하루에도 진통제를 수 알씩 삼켜야 피할 수 있었다. 그뿐만이 아니었다. 눈앞은 흐릿하고, 잇몸은 부어오르고, 조금 가렵다 싶으면 온몸이 얼룩소처럼 붉게 얼룩졌다. 설사는 두 달째 이어지고 있었고, 몸의 떨림은 손가락 끝까지 사시나무 떨듯 만들었다. 그리고 가장 이상했던 것은 귀에서, 아니 정확히 말하면 나의 뇌 속에 들려오는 소리였다. '칙칙칙' 처음엔 증기 기관차 소리 같지만 자세히 듣다 보면 우주선이 궤도 수정 때 내는 소리와 똑같다. 마치 나의 뇌가 제자리를 찾고 싶어 궤도 수정을 하고 있는 것처럼 들렸다.

치과에서는 나의 치통의 원인을 찾을 수 없다고 했다. 이미 아프다던 치아 세 개를 신경치료를 했으니 그 부위가 계속 아프다는 것은 말이 되지 않는다고 했다. 더군다나 병변이 확실하지 않은 상태에서 다른 치아의 신경을 제거할 수도 없다는 의사 소견이었다. 그런데도 계속 통증을 호소하던 내게 치과 선생님이 조심스레 조언했다.

"환자분! 제 말 오해하지 말고 들으세요. 간혹, 우울증 있는 분들에게 원인을 알 수 없는 통증이 나타나기도 하고, 건강한 사람들보다 통증을 더 민감하게 느낀다고 합니다. 연구 결과도 나와 있어요. 그러니…, 신경정신과를 가보시는 게 어떨까요?"

나는 이미 신경정신과에서 '꾀병' 진단을 받은 전적이 있다. 아무래도 꾀병은 아니었나 보다.

일 년 만에 신경정신과의 문을 다시 두드린다. 상담 의자에 앉자마자 나의 끔찍한 통증과 불안에 관해 이야기를 쏟아냈다. 나직한 목소리의 여의사 선생님은 그때나 지금이나 한결같은 반응이다.

"선생님. 제 몸 안에 암세포가 자라는 것 같아요. 뇌에 생긴 것 같아요."

"아. 그러셨군요. 왜 그런 생각이 들었을까요?"

"나는 너무 아픈데 치과에서는 원인이 없다고 하고, 아무래도 다른 곳에 원인이 있는 것 같다는데, 그게 뇌인 거 같아요. 왜냐하면 귀에서 계속 이상한 소리도 들리거든요. 병원에 가는 것도 두려워요. 암이라고 하면 어쩌죠? 그것도 아니라면 미쳐가고 있다는 뜻인데…, 어느 쪽이든 다 무서워요."

어떠한 이야기에도 평정을 잃지 않던 정신과 선생님은 그제야 나를 환자로 대하기 시작했다. 지금 다니는 병원을 믿을 수 없다면, 걱정만 키우지 말고 더 큰 병원에서 검사를 진행해 보기를 권했다. 하지만 환자 차트에는 '꾀병' 옆으로 '건강염려증'이라는 단어만 추가되었을 뿐이었다.

최대한 빠른 날을 받아 종합검진을 진행했다. 조마조마한 마음으로 기다린 2주일. 검사 결과는 우려가 무색하게도 '매우 건강함'이었다. 믿을 수가 없다. 수백만 원짜리 검사가 원인도 못 찾다니. 다른 병원으로 간다. 이번에 나의 시끄러운 뇌를 검사하기로 했다. 청력 검사를 하고 뇌 CT를 찍었다. 일주일 후 진단 결과를 들으러 S 병원으로 가는 길에선, 또 건강하다고 하면 다음엔 어느 병원으로 갈지를 생각했다. 이비인후과 진찰실로 들어갔다. 조그만 안경을 코에 걸친 통통한 의사가 기름진 머리를 한 채 모니터만 바라보며 검사 결과를 알려주었다. 무덤덤한 말투에는 그 어떤 긴장도 느껴지지 않았다.

"음. 네. 왼쪽 귓속에 종양이 있네요. 일종의 신경종입니다. 조직 검사는 못 해요. 귀를 열어야 하거든요. 그러면 청력을 상실합니다. 얻는 것보다 잃는 게 더 크죠. 이거 그냥 달고 사는 사람 많아요. 종양이 더 자라지만 않으면 크게 상관없어요."

방심하다 놀란 나의 뇌에서는 또 칙칙 소리가 들리기 시작했다. 내가 정말 미쳤나 보다. 이제 저런 헛소리까지 들리다니…. 나의 의심스러운 되물음에 의사는 확인 도장을 찍어준다. 내 병의 정식 명칭은 '청신경초종'이다. 청신경에 붙은 뇌종양의 일종으로 청력 상실, 두통, 어지럼, 얼굴 동통, 귀울림 등이 수반되는 병이다. 종양의 크기가 커질수록 청각과 안면 신경을 눌러서 제 기능을 상실하게 만든다. 다행히 초기 발견이라 크기는 아직 작지만 없앨 방법도 없다고 했다.

정기 검진 날짜에 다시 찾은 신경정신과 선생님에게 난 환희에 찬 목소리로 말했다. 이게 그렇게 신나 떠들 일인가 싶은 생각은 집으로 돌아오는 길에야 들었다.

"선생님! 제 뇌에 진짜 종양이 있었어요. 사실 불안한 마음을 누그러뜨리려 검사를 한 것뿐인데…. 그런데 진짜 종양이 자라고 있었어요. 선생님! 전 미치지 않았나 봐요. 이 모든 것이 진짜였어요."

"아. 네. 그러셨군요. 진짜였네요."

환자 차트엔 이제 '건강염려증' 옆에 '청신경초종 진단'이 추가되었다. 내가 정신병 환자가 아니라는 사실은 증명되었으나, 신경 안정제와 수면제는 최대량으로 처방되었다. 얼굴이 아플 때는 안정제와 진통제 말고는 다른 방법이 없다. 모든 것이 허무하고 허망했다. 나는 이제 한쪽 얼굴이 마비된 채, 약으로 연명하는 고통스럽고 지루하기 그지없는 삶을 살아야 한단 말인가? 나의 삶은 고통만 남은 시간인가? 하지만 이런 최악의 상황에서 신기하게도 불안과 초조는 서서히 줄어들었다. 이젠 더 확장할 곳이 없는 자포자기가 주는 안도감이었을까? 정확한 이유는 알 수 없으나, 시간이 지날수록 오히려 정신은 서서히 맑아지는 것이 느껴졌다.

두 해가 지난 지금. 나의 뇌는 궤도 수정을 멈추었다. 여전히 진통제를 비타민처럼 먹고 있지만, 나의 뇌는 제자리를 찾은 듯하다. 6개월마다 받은 검사에서도 종양의 크기는 더 이상 자라지 않았다는 것도 확인되었다. 그 조그만 종양은 더는 나에게 위협이 되지 않는다. 오히려 삶의 전부라고 생각했던 엄마와 직장과 건강을 한 번에 잃고 미친 듯 불안에 떨던 나에게 진정 필요한 것을 찾으라고 신이 보낸 일종의 신호였다는 생각마저 든다. 그 파멸 같던 순간이 있었기에, 지금의 내가 새로운 기회를 찾고 마음껏 도전하며, 시간을 즐길 줄 알게 되었기 때문이다.

지금 나는 내 삶에 필요한 마땅한 것들을 천천히 캐내는 일을 시작하였다. 나를 다시 찾을 수 있도록 기회를 준 귓속 종양과 함께 말이다. 그러니 서둘지 말아라! 나의 종양아! 나의 인생아!

정상 참작

"아가씨. 좀 진정해 봐요. 진술서를 써야 하는데, 계속 울면 쓸 수가 없어. 도대체 무슨 일이 있었기에 그렇게 우는 거야? 내가 잘 써줄게. '정상 참작'이란 게 있거든. 피치 못할 사정이 있다면 감형에 도움을 줄 수 있다는 거지. 그러니까 이제 그만 울고 얘기 좀 해봐요." 한 시간 넘게 울고 있는 내 눈덩이는 벌겋게 부어올라 있었다. 책상을 사이에 두고 마주 앉은 경찰은 나의 멈추지 않는 눈물에 어떤 사정이 있는지 너무도 궁금해했다. 믹스커피 한 잔과 티슈 통을 건네며 다정한 목소리로 나를 달랬다. 그 목소리는 내가 범법자라는 생각을 잠시 잊게 했다. 티슈를 한 움큼 집어 꽉 막힌 코를 힘차게 풀고 지독했던 내 하루에 대해 울먹이며 이야기를 시작했다.

3년을 교제한 남자 친구가 있었다. 오늘은 그의 여동생이 결혼하는 날이다. 그의 여동생은 교제 중이던 남자와 1년 만에 결혼을 강행했다. 그러한 이유는 혼전 임신 때문이었다. 미국에 산다는 그의 아버지는 딸의 결혼식에 참석하지 않는다고 했다. 이유는 모른다. 그의 집안 사정은 보통의 정서론 이해 안 될 만큼 매우 복잡했다. 오지 않는 아버지를 대신해 여동생의 신부 입장을 장남인 남자 친구가 맡기로 한 것이다.

곱게 차려입고 내내 온화한 미소를 유지하던 나를 미래의 며느리라 일가친척들에게 소개하는 그와 그의 어머니였다. 난 가족석에 앉아 곧 내게도 일어날 그 일을 진지하게 참관하고 있었다. 그는 휴대전화, 지갑 등을 나에게 맡겼다. 신부 입장이 시작될 무렵 그의 휴대전화로 이름 없는 번호의 문자가 줄기차게 날아든다. 주말에 문자가 계속 온다는 것은, 일에 차질이 생겼거나 그가 바람이 났거나 둘 중 하나다. 경험을 통해 습득한 불길한 예감은 늘 적중했지만 오늘만큼은 아니길 바랐다. 휴대폰 비밀번호는 예측이 쉬웠다. 세 번의 도전 만에 잠김이 풀렸고 그 이름 없는 문자를 확인할 수 있었다.

'야호! 우리 둘이 드디어 여행 가는 거야? 진짜 신난다!'

온몸이 얼어붙는다. 또 이럴 순 없다. 식장에선 여동생의 손을 신랑 손으로 넘기는 그가 나를 보며 환하게 웃고 있었다. 그의 얼굴을 중심으로 동그랗게 나의 시야가 좁아지면서 현실과 다른 차원의 세계로 빨려 들어가는 느낌이 들었다. 잘못 본 걸 거야! 떨리는 손으로 그의 휴대전화를 들고 화장실로 갔다. 문을 잠그고 변기에 앉아 휴대전화 문자를 다시 확인한다. 잘못 본 것이 아니었다. 다음 주에 친구들과 홍콩에 놀러 간다더니. 내가 같이 갈 수 없어 아쉽다더니. 그게 이 여자와 가는 거였구나. 너의 일까지 내가 맡아 처리할 테니, 걱정 말고 재밌게 놀다 오라고까지 했는데…. 배신감에 몸이 떨려온다. 예식을 마무리하고 있던 그는 내가 그의 소지품과 함께 사라진 것에 뭔가 잘못됐음을 눈치챘다. 조용히 식장을 빠져나가려는 나의 팔을 잡아챘다. 감정을 억누르며 최대한 이성적으로 행동하려 했다. 차분한 목소리로 휴대전화에 있는 문자 다 봤으니, 나는 먼저 가겠다고 말했다. 그러자 그는 주변은 신경도 안 쓰고 떼쓰는 아이처럼 나를 가로막으며 붙잡고 늘어졌다. 심심해서 잠깐 만난 거라고, 걔는 아무것도 아니라고, 중요한 건 나라고. 궁지에 몰리면 늘 그렇듯 그는 또 최선을 다해 거짓말을 한다. 모르는 사람이 보면 철없는 여자친구가 가족 행사를 망치는 것처럼 보였을 것이다. 미치도록 수치스럽다. 나를 붙잡는 손을 뿌리치고, 거짓말에 또 속아 넘어가지 않기 위해 도망치듯 집으로 차를 몰았다.

가족에게는 아무 말도 할 수 없다. 첫 번째 바람 때부터 그와 헤어지라던 가족에게 또 이런 일을 당했다며 울고불고하기엔 내 자존심이 허락하지 않았다. 어느새 해가 지고 있었다. 그에게서는 연락도 없다. 맥주 한 캔을 삼켰다. 한 캔 더 마신다. 분노가 치밀어 오른다. 이 지겨운 짓을 끝낼 때가 왔음을 느낀다. 정말이야. 끝장을 내겠어!

나는 차를 몰아 주차장을 빠져나왔다. 5분만 더 가면 그의 집이다. 그런데 큰 도로로 우회전을 하자마자 경찰차가 보였다. 불시 음주 운전 단속이었다. 맥주 두 캔이 뭐 어떠냐 싶었다. 음주 측정계를 힘차게 분다. 시동을 끄고 차에서 내리라고 한다. 아슬아슬한 수치로 음주단속에 걸렸다. 갑자기 울음이 와락 터져 나온다. 바닥에 주저앉아 서럽게 울기 시작했다. 자동차 열쇠를 빼앗기고 경찰차 뒷좌석으로 밀어 넣어지는 내게 음주 운전으로 현장 체포되었음을 알려주는 경찰의 목소리가 들렸다. 물속에서 듣는 소리처럼 아주 멀리서…. 경찰서로 향하는 차 안에서도 웬일인지 울음은 멈춰지지 않았다. '뭘 잘했다고 우냐!' 같은 반성은 생각도 안 났다. 분하다. 억울하다. 그놈과 끝을 봐야 하는데! 이런 생각뿐이었다.

나의 긴 이야기를 흥미진진하게 경청하며 간간이 자판을 두드리던 경찰은 이렇게 말했다. "저런. 엄청 속상했겠네. 뭐 그런 나쁜 놈이 다 있어? 그래서?" 이상하게 위안을 받는다. 더 먼 과거의 일까지 궁금해하는 경찰의 호응에 이야기를 막 쏟아냈다. 그는 나와 교제를 시작한 지 3개월 만에 실직해 용돈을 대주어야 했으며, 6개월부터는 바람을 피우기 시작해 우리가 동거하던 오피스텔에선 낯선 여자 허리띠까지 나왔다. 그렇게 시작된 1차 바람부터 2차, 3차까지 낱낱이 다 불었다. 남은 이야기를 마저 들은 경찰은 이렇게 말했다.

"진짜 나쁜 놈이네. 그래서 속상해서 술 마신 거구나. 그런 쓰레기 같은 놈하고는 당장 헤어지고, 저기 뒤 책상에 김 경위라고 있는데. 저 친구 참 괜찮은데. 내가 소개해 줄까요? 아니 예쁜 아가씨가 왜 그런 놈을 만나는 거야?"

울다가 웃으면 안 되는데. 참지 못하고 터져 나오는 웃음에 속이 다 후련했다. 지난 3년 동안 아무에게도 말할 수 없던 고통스러운 사정을 모르는 사람에게 그것도 경찰서에서 한꺼번에 토로하고 나니, 억울한 마음과 함께 울분마저 빠져나간 기분이었다. 나의 이야기를 들어준 경찰에게 고마운 마음이 들었다. 단지 진술서를 쓰기 위해서만은 아니었을 것이다. 서럽게 울고 있는 사람에게 측은한 마음이 들어 다정한 목소리로 말을 걸어준 것임이 분명했다.

난 3개월 운전면허 정지와 20시간의 교육과 50여만 원의 벌금을 부여받았다. 그러나 내가 음주단속에 걸린 것은 불행이 아니라 다행이었다. 진짜 큰 사고를 낼 뻔한 일도 막았을뿐더러 그 쓰레기 같던 관계도 정리할 수 있는 용기를 얻었으니 말이다.

어느 날 다정한 목소리가 '오늘 하루는 어땠니?', '지난 일주일은 어땠니?' 또는 '너의 삶은 어땠니?'라고 물어온다면 바보짓을 했다는 자책으로 감추려 하기보다는 그냥 털어놓는 것이 좋을 수도 있다. 내 사정을 좀 들여다보겠다는, '정상 참작'을 하겠다는 의지가 담겨 있는 물음이니까. 정상情狀은 보기 힘든 가련한 상태를 뜻한다. 감정적으로 저 사람이 힘든지, 괴로운지, 슬픈지 우리는 본능적으로 알 수 있다. 그러한 감정이 그 사람을 어디로 끌고 가버릴지도 미루어 짐작으로 알고 있다. 비욘 나티코 린덴블라드의 〈내가 틀릴 수도 있습니다〉에 이런 문구가 있다. '만나는 사람마다 네가 모르는 전투를 치르고 있다. 친절하라. 그 어느 때라도.' 그 말처럼 다정한 목소리가 필요해 보이는 사람을 마주친다면 차갑게 외면하지 말자. 그 목소리가 되어보자. '정상 참작해 줄게. 뭐든지 말해도 돼!'라고.

그냥 들이대

“기초는 이미 너무 오래 했어요. 평생 제가 주는 쉬운 공만 치실 거예요? 그건 죽은 공이예요. 살아있는 공을 받으려면 다른 사람과 랠리를 해야 해요. 그러면서 망가지는 자세는 레슨으로 고쳐 나가는 거예요. 그래야 실력이 늘죠. 다른 방법은 없다고요.”

웬만해선 주눅 들지 않는 나지만, 테니스 코치의 냉혹한 일침에 의기소침해진다. 벌써 일 년이 다 돼가는데도 기초 단계를 벗어나지 못하는 내가 오죽 답답하면 저럴까 싶기도 하지만. 나의 불리한 조건을 배려하지 않는 그녀의 말투에 섭섭한 마음이 드는 것도 어쩔 수 없는 일이다. ‘그만둘까?’ 하는 마음이 슬그머니 고개를 쳐든다.

몇 해 전, 하얀색 테니스 스커트를 입고 테니스 라켓을 옆구리에 끼고 내 옆을 스쳐 지나가던 까맣게 그을린 탄탄한 허벅지 무리를 본 적이 있다. 근사한 종마를 만난 듯 감탄 어린 시선으로 한참 동안 그들의 뒷모습을 쫓았다. 그때부터 테니스를 배우고 싶었다.

테니스라는 운동의 격렬함을 접하기 전, 나의 몇 가지 고질적인 문제에 대해 고민해 볼 필요가 있었다. 운동을 싫어하던 내가 성인이 되어 도전한 운동이 몇 있다. 레벨 2단계에서 음악에 박자를 맞추지 못하는 박치 임을 깨닫게 해준 발레. 친구가 낙마하는 것을 눈앞에서 목격한 후 생긴 트라우마를 극복하지 못해 그만둔 승마. 클릿 슈즈를 페달과 분리 못 해 숱하게 넘어졌던 자전거. 그나마 목 디스크 때문에 배울 수밖에 없었던 수영이 오래 해서 잘하는 유일한 운동이었다. 물은 아직도 무섭지만. 난 한마디로 겁쟁이에 운동치였다. 또한 기록 경기만 하던 나에게 시합 경기는 무척 낯설다. 거기에다 그토록 싫어하는 공이라니…. 나이도 많아 최악의 조건을 두루 갖추었구나 싶다.

그런데도 테니스 레슨을 시작했다. 고민해 본들 무엇 하겠는가? 무엇이든 시작하는 문제엔 그리 신중하지 않았다. 그리고 안 되면 안 하면 그만 아닌가? 고작 운동인데.

제법 큰 훈련장과 화려한 코치진을 겸비한 테니스 학원에서 커플 레슨을 시작했다. 같이 시작한 남자친구와는 몇 달 안 돼 헤어졌지만, 난 레슨을 멈추지 않았다. 혼자라도 상관없었다.

몇 개월이 지나 겨울이 되자, 코치는 본인 수강생들로만 이뤄진 학원 내 테니스 클럽에 나를 초대했다. 다들 엇비슷한 구력이니 긴장하지 말고, 최대한 본인 자세를 유지하며 다른 사람과 랠리 해보기를 권유했다. '이 정도면 자세는 밀리지 않지!' 자신감을 가지고 도전했다. 그리고 처참히 무너졌다. 처음엔 너무 긴장한 탓이라 생각했다. 하지만 하면 할수록 나아지는 게 아니라 퇴보하는 내 모습이 보였다. 자세, 스텝, 호흡은 다 사라졌고 오직 상대방이 나에게 날리는 공을 되받아 치기 위해 테니스 코트를 사방으로 뛰어다닐 뿐이었다.

그렇게 두어 달이 지났다. 아무리 해도 안된다는 생각에 사로잡혔다. 그나마 좋았던 자세도 망가져 버렸다. 랠리에서 소외감마저 느낀 나는 다른 사람들 운동에 방해가 될까 눈치까지 보기 시작했다. 좌절이 주는 무력감은 준비 안 된 병사를 전쟁터에 내몬 코치가 원망스럽다는 생각에까지 번졌다. 타인과의 랠리 말고 다른 방법이 없는가를 묻는 내게 코치는 지름길은 없다고 따끔하게 일러 주었던 것이었다. 그러니 '재수 없어!' 당장 그만둔다 해도 나로선 이상할 일은 아니었지만, 이토록 쉽게 관두는 것이 과연 나에게 이로운 것인지 의구심이 들었다. 그 순간은 스트레스를 피하겠지만, 원하는 바를 이루지 못했다는 또 다른 스트레스가 숙취처럼 남아 해로운 것이 되진 않을까?

아무리 노력해도 안 되는 것이 세상에는 존재한다. 특히 나의 기질이나 능력에 반하는 문제일 경우 더 높은 벽으로 느껴진다. 어쩌다 벽을 만나면 난 좀 더 쉬운 길이 없는지 벽 주변을 서성대다가 금세 포기하기 일쑤였다. 나의 한계를 너무 쉽게 합리화하는 습관은 이솝우화 중 〈여우와 신 포도〉를 떠올리게 한다. 여우는 먹지 못하는 탐스러운 포도를 보며 '보나 마나 신 포도 일 거야.'라고 비하한다. 그렇다면 여우는 이미 포도의 달콤함을 알고 있다는 소리다. 무언가 이뤄냈을 때, 성공했을 때의 성취감은 과즙이 풍부한 다디단 포도의 맛보다 더한 맛일 거다. 포기하고 돌아선다고 여우가 그 맛을 잊겠는가? 배고픔은 여전할 것이고, 그 맛이 생각나 자꾸 뒤돌아보았을 것이 분명하다. 무력한 자신에게 화를 내며 후회와 좌절로 멀어져 가는 여우의 슬픈 뒷모습이었을 것이다.

내가 테니스를 잘 못하는 이유는 몸치, 박치, 겁쟁이라서가 아니다. 이솝우화의 여우처럼 안되면 '내 것이 아니다.'라는 결론을 금방 내버리고, 포기하는 것을 당연하다고 여기는, 일종의 현실 도피적인 '자기 기만' 때문이다. 얼마나 쉬운가? 아무것도 노력하지 않아도 된다면. 하지만 그런 생각을 이제 그만하고 싶다. 여우의 고픈 배처럼 채워지지 않는 욕구의 허기는 상황을 직면하고 문제를 해결하지 않는 한 영원히 채워지지 않을 것이니까.

너무나 당연한 말이지만, 쉽게 얻을 수 있는 것은 세상에 하나도 없다. 테니스도 글쓰기도 사는 것도…. 그러나 쉬워서가 아니라 어려우니 도전하는 것은 분명 가치가 있다. 그것이 실패라 해도, 그 노력의 과정에서 얻는 경험과 교훈이 인생을 좀 더 풍요롭게 성장시키는 밑거름이 될 수도 있다. 물론 좌절의 맛은 쓰디쓰겠지만 덕분에 겸손까지 얻게 된다면 세상 해결 못 할 문제가 있겠는가.

마음을 고쳐먹었다. 안되니까 더 노력해 보리라. 정답은 의외로 단순할 때가 많다. 주저하지 말고. 그냥 들이대. 그리고 버텨! 버텨보는 거야!

가면을 벗고

'새로운 도전'은 새해가 불러일으키는 용기 덕에 매해 치르는 일이다. 올해는 제주 영상진흥센터에서 주최하는 3D 애니메이션 전문가 양성과정을 수강하기로 했다. 수강 기간이 한 달인 비교적 짧은 강의지만, 처음 접해보는 프로그램인지라 난관이 예상됐다. 실로 오랜만에 하루 종일 궁둥이를 붙이고 있으려니, 점심 이후에는 좀이 쑤시고 하품이 절로 나온다. 당연히 지루함을 달래주는 커피 믹스 한 잔이 소중해진다. 커피 물을 끓이려 탕비실에 있던 나에게 그 앞을 지나던 강사가 점심 안부를 묻는다. "식사하셨어요?" 나도 답인사를 한다. "네! 선생님도 식사 맛있게 하셨어요?" 곧 이어진 강사의 대답에 나는 당황했다.

"능 저 시므 멍므…허 드… 거고."

이런, 무슨 말인지 알아들을 수가 없다. 사실 첫 인사말도 정확히 알아들었다기보다는 점심시간 직후의 일상적 대화라 짐작으로 알아챘다. 마스크에 가려진 입에서 나오는 낯선 단어는 그 의미를 도저히 알 수가 없다. 이젠 익숙할 만도 한데, 마스크 생활 3년 차인 지금도 못 알아듣는 내가 미련해 보일까 봐 알아들은 척 눈웃음을 지으며 대화를 얼버무리고 만다.

지겹다는 말도 지겨울 정도다. 전염병의 장기화로 마스크는 이제 모두의 얼굴이 되어버렸다. 불과 3년 전만 해도 나의 폐를 위협하듯 공기가 뿌연 날에만 마스크를 찾았었다. 그나마도 조금만 걸으면 숨쉬기 어려웠던 KF94 마스크는 그 답답함에 빨간색 황사 경보에도 거들떠보지 않는 날이 많았었다. 그렇게 무시했던 마스크가 이젠 생명유지 장치라도 된 마냥 한시라도 떨어지면 불안하니 참으로 아이러니하다.

마스크가 내 삶에 끼친 3년 동안의 신체적, 정신적 영향을 생각해 보게 된다.

첫째, 마스크로 가려져 입 모양을 읽을 수가 없으니 상대가 하는 말을 못 알아듣는 일이 숱하다. 되묻기를 반복하다가 지쳐 포기하게 된다. 그래서 이젠 아예 짐작이 안 되는 말은 못 들은 척한다. 귀가 잘 안 들리는 사람이 되어버렸다.

둘째, 마스크 밖으로 보이는 얼굴은 눈과 이마밖에 없는지라. 내 말의 정확한 의도를 전달하기 위해서는 입보다 눈을 더 많이 사용하게 된다. 그러니 주름 방지를 위해 분기마다 받는 나의 보톡스 시술은 제 능력을 상실하여 미간과 이마 주름이 부쩍 증가했다.

셋째, 타인에게 불친절하고 예의가 없어졌다. 마스크가 부여한 익명성이라는 위험한 방패를 얻었기 때문일까? 얼굴을 다 드러내던 때보다 감정 표현이 메마르고 때론 거칠어졌음을 느낀다. 물론, 무표정한 얼굴 근육이 만든 건조함 때문일 수도 있다. 하지만 가장 큰 문제는 그게 불과 3년 사이에 몸에 배어버린 듯 굳어졌다는 점이다.

영화에서는 마스크를 쓰는 이들은 영웅 아니면 범죄자 둘 중 하나다. 마스크가 만든 가면 뒤에 숨은 것은 본성인가? 아니면 두려움이라는 가면으로 무장한 것인가? 둘 다 부조리하기는 매한가지다.

전염병의 두려움이 만든 부조리를 처음 목도한 날을 잊을 수가 없다. 나는 강남 시내를 관통하는 한적한 버스를 타고 있었다. 한 중년 남성이 버스에 올라탔다. 버스에 오르자마자 그는 건너편 좌석에 앉아있던 젊은이에게 삿대질을 하기 시작했다. 손에 들린 조그만 쇼핑백을 뒤적여 비닐장갑을 꺼내 끼고 버스 창문을 활짝 열고는 곧이어 소독제 분무기를 꺼내더니 팔을 쭉 뻗어 그 젊은이 얼굴을 향해 분사하기 시작했다. 분사하는 와중에도 손가락 하나는 삿대질을 멈추지 않았다. 들은 척도 안 하고 창밖만 응시하던 젊은이의 태도가 그 남성의 화를 더 돋우는 듯 보였다. 버스 안 사람들의 시선은 이상한 짓을 멈추지 않는 중년의 남자를 향했다. 따가운 시선을 느꼈는지 그는 모두 들으라는 듯 큰소리로 말했다. "이봐! 아저씨! 마스크를 제대로 써야지! 폐에서 나오는 세균이 얼마나 많은데, 코가 마스크 밖으로 나오면 그 세균이 다 어디로 가겠어!" 그 말에 수군거리던 사람들의 소음이 멈췄고 사람들의 시선은 일제히 그 젊은이에게로 향했다. 소독 세례를 받으면서도 아랑곳없던 젊은이는 황급히 마스크 밖으로 나와 있던 코를 집어넣었다. 그 젊은이에겐 코로나 공포가 만든 광기 어린 남성의 무례한 짓은 참아줄 만했지만 공공의 적으로 몰려 당하는 면박은 참을 수 없는 일이었을 것이다. 하지만 지나치다 못해 불쾌하기까지 했던 그 남성의 당연한 무례함과 버스 안 사람들의 침묵이 만든 인정은 당사자가 아닌 나조차도 두렵게 만들었다. 하지만 이후로 3년 동안 공포에 질린 사람들의 부조리한 행동들은 당연시되었고, 나 또한 어느새 그들과 같은 타성에 젖어 무턱대고 마음속 삿대질을 하고 다녔는지도 모를 일이다.

서서히 일상이 예전으로 돌아가고 있다. 이제 곧 사라질 마스크를 대비해 미리미리 '쌩얼'을 준비하라는 피부과의 광고 문구가 오늘도 날아든다. 드디어 마스크를 벗게 된다. 하지만 단순하게 3년 전과 같은 일상으로 돌아갈 것이라 생각한다면 오산이다. 분명 다를 것이다. 사람들이 벗어야 하는 것은 코에 걸린 마스크가 아닌 가면일 테니 말이다. 예의 없음, 부정확한 사과, 성의 없는 대답, 모르는 척, 들리지 않는 척, 당당한 무례함, 실종된 이타심이라는 가면. 이 모든 것들이 다시 예전처럼 회복될 수 있을까?

마스크를 벗고 세상에 서려니 마치 기억 안 나는 중요한 것을 잊어버리고 집을 나서는 듯 불안하고 낯설다. 이미 아는 것도 새로 익혀야 할 것 같은 기분이다. 하지만 뭐가 뭔지 모를 때에는 상냥하게 대하는 것이 최고의 방법이다. 애니메이션 강사와도 그것이 관심이 되어 빨리 친해질 수 있었다. 물론 애니메이션 프로그램은 '그런 것이 있더라' 정도의 존재만 알게 된 것으로 만족해야 했지만 말이다.

서희정

60년 외길 피아니스트로

나만의 소리와 색깔을 찾으며 지내 왔습니다.

이제 그 기반 위에 좋은 글을 쓰고 싶습니다.

수필쓰기를 통해 나를 깊이 이해하고

미래를 부드럽게 껴안을 수 있는,

아티스트이자 수필가로 살아낼 수 있기를 소망합니다.

서희정

서울대, 동 대학원 졸업.

2021년 겨울 〈창작수필〉 등단.

현재, 창작수필문인회 회원, 피아니스트로 활동 중.

hopesuh@gmail.com

나의 스승과 피아노

봄이 시작되었다. 햇살 좋은 날, 거실 한편의 유리 화병에 꽂아둔 프리지어가 내 동공을 맑게 씻어준다. 선생님은 같은 말을 하고 또 하신다. 얼굴에 미소를 가득 품고 허리를 꼿꼿이 펴고 영국의 여왕처럼 앉아서 차를 마시며 이것저것 물으신다. 한국 최초의 여류 피아니스트, 이분이 나의 스승이시다. 내가 열한 살 때 처음 뵈었으니 선생님과의 인연은 벌써 반백 년이 지나간다. 검은 모자와 코트를 걸치고 하얀 장갑을 낀 젊은 여성, 두꺼운 안경테에 멋지게 차려입은 남편의 팔짱을 끼고 금문교를 뒤로하고 카메라를 쳐다본 흑백사진은 지금도 프리지어 화병 옆에 놓여 나의 옛 추억을 소환시키고 있다. 초등학교 5학년 단발머리의 여자아이, 엄마의 손을 잡고 선생님 댁으로 개인지도를 받으러 들어간다. 멋진 정원에 꽃나무들이 아름답게 조경 되어 있던 가회동 집, 향기 나는 꽃나무와 격조 있는 집안 풍경은 어린 나에게 얌전하고 조신하게 행동하라는 무언의 눈짓을 준다. 피아노 방의 분위기는 고상함 그 자체였다. 멋진 사진들이 놓여 있는 고풍스러운 가구, 학교 강당에나 있을법한 그랜드피아노, 그 방에 들어가면 왕실의 여왕을 알현하기 위해 음악을 준비해야 하는 악사처럼 마음이 긴장되었다. 어린 나이에 아버지를 따라 궁중에 들어가 천재의 연주를 선물해야 했던 모차르트처럼. 어렵기만 했던 선생님, 세월이 흘러 지난날을 돌아보니 스승이시고 친구였으며 큰언니였고 또 친정어머니 같았다. 구순을 지나며 선생님의 아들이 사진집을 만들어 선물을 했다며, 그 책을 보여 주며 이야기를 이어 가신다. 피아노와 함께 한 구십 인생은 참 행복하였던 듯, 대화하는 내내 얼굴의 미소가 사라지질 않으신다.

며칠 전 친구가 너는 세상에서 제일 좋아하는 게 무엇이냐고 나에게 물었다. 망설임 없이 나의 입에선 피아노라는 대답이 나왔고 그게 너무 당연하다는 생각이 들었다. 나에게 피아노는 없어서는 안 될 가장 친한 친구이었고 형제 부모보다 더 살가운 존재였으며 때론 나를 가르치는 스승 같았다. 너무나 가까웠기에 싸우기도 많이 했고 함께 울고 웃으며 평생을 지나왔다. 처음 피아노를 배우기 시작했던 세 살 때로 기억이 되돌아간다.

여러 가지 색깔의 나의 피아노 인생이 영화처럼 펼쳐진다. 하얀 뭉게구름처럼 포슬거렸던 어린 시절, 무얼 알고 쳤을까 생각이 들기는 하지만 내가 최고인 것처럼 노란 병아리가 삐악거리듯이 풋내를 피우며 피아노를 쳤었다. 예원학교라는 특수학교에 진학하면서 시작된 긴장감, 활짝 피어난 작약처럼 붉었던 대학 시절, 뒤이어 찾아온 힘든 결혼생활, 성숙을 위해 필요했던 유학 시절, 귀국 후 맞은 연주자 생활, 나의 선생님처럼 모교인 서울대에서 학생을 가르쳤던 시간, 자연으로 돌아가야 했던 초록 병상의 암 투병…. 모두가 한데 어우러지는 무지갯빛 속에 내 인생의 음악은 나름대로 색깔을 찾아갔다. 피아노라는 스승이 없는 내 인생은 상상이 안 된다.

여러 가지 목소리로 이야기를 다채롭게 표현할 수 있는 악기인 피아노는 누가 어떻게 연주하는지에 따라 소리의 색깔이 다르다. 나의 선생님은 그 음색을 아주 중요하게 다루시며 특별한 나만의 목소리를 내도록 가르치셨다. 그 깊고 청명한 소리를 찾아내기 위해 연습하며 배워나갔던 그 시간이 지금도 계속된다. 몸이 멀어지면 마음도 멀어지는 것처럼 피아노와 조금만 멀어지면 그 소리도 잃어버린다. 그 소리라는 친구는 늘 가까이에서 몸으로 만져주길 바라는 욕심쟁이다. 피아노를 친다는 것은 인생의 다양한 색깔을 캔버스에 그려내는 것과 같이 대상과의 교감이 그 소재가 된다. 작곡자는 작품에 자신의 이야기를 음표로 그려내고 연주자는 그 작품을 재해석하며 작곡자와의 대화를 표현하며 연주한다. 피아노와 내가 교감을 잘할 때 풍부한 이야기가 만들어지고 좋은 연주가 된다. 사랑하듯이 부드러운 대화로, 때론 격정적인 폭풍우 속의 이야기로, 또한 아이의 순진한 눈을 바라보며 조잘댈 때로, 연주자가 이야기를 건네면 악기는 그 마음에 반응하며 함께 대화한다. 한 번, 두 번, 백 번, 천 번을 말을 걸 때마다 피아노는 모두 다른 소리를 낸다. 대화로 이루어지는 그 짜릿한 교감이라니! 연습이라는 놀이를 하다 보면 이 친구는 기가 막힌 소리와 공명으로 나를 소름 끼치게 할 때가 있다. 아, 이 친구는 나와 정말 통하는 친구구나! 삶은 연습할 수 없고, 보고 칠 수 있는 악보도 주어지지 않지만, 나의 친구 피아노는 시간을 많이 들여 놀아주면 놀이의 재미와 함께 멋진 내 모습을 뽐내게 하는 자신감도 선물해 준다. 나의 좋은 친구 피아노, 생이 다할 때까지 함께 할 수 있으니 얼마나 고마운가.

초기 치매 증상을 보이는 선생님이 물으신다. 같은 말을 반복해서 또 이야기하며 웃고 계신다. 행복한 기억이 많으신 우리 선생님, 순수한 어린아이의 모습으로 돌아가는 것 같다. 피아노 앞에 앉아 악보를 보며 피아노를 치신다. 어눌해진 손가락의 움직임이 조금 슬프긴 하지만 그래도 씩씩하게 피아노 앞에 앉는 그 모습만으로도 나에게 큰 안도와 희망을 주신다. 선생님의 제일 친한 친구도 역시 피아노다. 그 친구를 지금까지 사귈 수 있도록 지도해 주신 그분과 같은 삶을 나도 살아내고 있는 것이겠지? 내 나이 이제 철이 들기 시작했다는 환갑, 노력하면 구십까지는 성장할 수 있더라는 백 살이 넘으신 어느 철학가의 말처럼, 나도 노력해야겠다. 피아노와의 대화를 오래 할 수 있도록, 나를 위로하고 격려하는 스승이자 반려자인 피아노와 더욱 잘 익어 갈 수 있도록….

외간 남자

처음 보는 남자와 눈을 맞춘다, 이런저런 이야기를 나누다 보니 신상도 다 털어 버리고 마음속에 숨겨 놓았던 이야기까지 끄집어내는 나를 발견한다. 이 외간 남자에게 나는 지금 홀린 걸까?

세 살 때부터 피아노를 치기 시작했다. 육십 년간 그 일을 계속해 왔으니 나름 프로 연주자다. 한국 전쟁통에 의무장교로 배에서 만나 연애를 시작한 부모님이 결혼을 약속하며 2남 1녀의 자녀계획을 세웠는데, 그 딸 하나는 피아노를 시키자는 데 뜻을 모으셨단다. 시대적 상황으로 부모님은 의사, 약사로 의료계 직업을 가졌지만, 정작 두 분은 지휘자와 성악가로 음악을 전공으로 하고 싶었다고 한다.

이렇게 나는 태어나면서부터 갈 길이 정해져 있었다. 주야장천 나는 피아노 앞에 앉아 있어야 했다. 그저 소리만 띵 똥 대고 있으면 연습한다고 생각하셨는지 피아노 앞에서의 서투른 장난질에 대해서는 아무 간섭을 하지 않았다. 덕분에 나는 클래식 장르부터 다른 장르까지 혼자서 나만의 음색과 스타일을 찾아가며 반주법도 익혔다. 그래서인지 나에게는 반주 자판기란 별명도 있다. 동전을 넣고 꾹 누르면 모든 음악이 반주가 되어 나오는 반주 자판기, 그렇게 불리는 것을 나는 좋아한다.

연주회를 하다 보면 새로운 사람과 호흡을 맞춰야 할 때가 많이 있다. 반주자로, 실내악 파트너로, 또한 팀으로, 같은 사람과 계속 연주를 함께하기도 하지만, 대개는 새로운 연주자와 연주하게 될 때가 많다.

최근에 처음 보는 성악가와 함께 호흡을 맞추면서 참 편안하게 음악적 이야기를 나누며 연주를 한 일이 있었다. 처음 만나 음악적 호흡을 나눈 남자였지만, 같이 곡을 다듬어 나가며 시간이 갈수록 마음속에 뽀글뽀글 올라오는 청량감과 환희를 느낄 수 있었다. 이런 만남이 자주 있으면 큰일 날 것 같은 생각도 들었다. 내 안에서 연애 감정처럼 짜릿한 그 무엇이 꿈틀거렸기 때문이다.

음악으로 만나 호흡을 맞추다 연애를 시작하고 스승과 제자로 만나 함께 음악적 교감을 나누며 결혼에 골인한 부부도 내

주변에는 꽤 있다.

마왕인 루시퍼도 노래를 너무 황홀하게 부르는 천사 장이 아니었던가? 음악이란, 사람을 나르시시즘에 빠지게 하고 교만하게 하는 근원이 될 수도 있기에 항상 조심해야 한다고 배웠다. 천상의 음악을 하다 보면 자신을 하나님의 자리에 올려놓는 착각을 하기 쉽기 때문일 것이다.

피아노와 나의 첫사랑은 언제였을까? 손뼉도 마주칠 때 소리가 난다고 사랑도 상대가 반응해 줄 때 그 사랑의 희열을 느낀다. 피아노 연주 후의 반응은 역시 청중의 박수 소리와 열광의 분위기다. 박수 소리와 연주자 자신의 만족감이 하나 될 때 연주자는 중독이 되듯이 그 상태를 자꾸만 갈망하며 살아가게 된다. 내가 처음 그 희열을 맛보았을 때도 역시 남의 인정을 받았을 때였다.

누구나 열심히 연습하지만, 그 결과는 다 다르게 나온다. 예원학교에 다니던 중학교 삼 학년 때부터 나는 두각을 나타내었다. 그런 인정을 받은 때부터 대학원을 졸업할 때까지 항상 실기 성적은 선수를 놓치지 않았다. 심지어는 미국 유학 졸업 때 학업 성적이 모두 A 학점으로 최우수 성적을 따내기도 했으니 말이다. 이렇게 첫사랑을 놓치지 않으려고 무진 애를 쓰며 살아갔지만, 세상은 녹록지 않았다. 모교에서 가르칠 기회가 주어지고 연주회에서 박수갈채를 받는 가운데 있었음에도 아이를 키우며,

힘든 시집살이를 해내며, 최고의 자리를 지키기는 쉽지 않았다. 그에 더해 엉뚱하게 일어난 어이없는 사고로 인해 팔을 못 쓰게 되면서 나는 연주회장을 떠나야 했고, 나의 사랑하는 제자들도 다 놓아야 했다.

그 세월은 나에게 무엇을 가르치고 싶었을까? 세상은 내게 무슨 말이 하고 싶었던 걸까? 10년 이상 무대를 떠났던 삶에서 나는 대화의 단절, 청중과 소통의 단절을 뼈저리게 느꼈다. 그만큼 함께 하는 것의 중요성도 배웠던 것 같다. 외로운 사막에서 모래바람을 맞아내며 갈 길을 몰라 헤맸던 그때, 사람은 소통 없이는 살 수 없다는 것을 또다시 깨달았다.

피아노 앞에 앉아서 연습만 했던 삶에서, 이제는 나비가 되어 사람들 속을 날아다녀 보아야겠다. 사람들과 살아가는 이야기로 수다도 떨며 마음을 주고받으며 살아야겠다. 피아노로 실내악과 협연하고, 반주자로 연주하며, 음악으로 교감했던 그 소통의 달인이, 이제는 사람들과 마음의 화음도 잘 맞추는 프로 연주가가 되어보길 소망해 본다. 나이 육십이 넘어도 인생은 늘 초보 같은 첫 마음이다. 그래서 더 떨리고 설렐 수 있다면 그도 나쁘지 않은 것 같다.

트럼펫 주자와 호흡을 맞춘다. 그와 함께 재즈의 영역을 좀 배워보려 한다. 새로운 영역, 새로운 장르, 새로운 인간관계, 이 외간 남자는 나에게 또 어떤 새로움을 줄까? 그래서 오늘 나의 연인은 피아노다. 새로운 악보를 펼쳐 놓고, 그 곡과의 만남을 시도한다. 첫 만남이 이렇게 설레는 걸 보니 오늘 연주도 결과가 좋으려나 보다. 피아노 앞에 앉을 때 나는 언제나 가슴이 뛴다. 도발적이 된다. 내 사랑은 역시 피아노인가 보다.

인생 연주

우울증은 정신적인 병인가? 육체적인 병인가?

나는 조울증 증상을 겪고 있다. 양극성 장애라는 말로 불리기도 한다. 아내가 조현병으로 고생하는 지인이 있었다. 그와 내가 내린 결론은 조울증이나 조현병이나 다 정신에서 오는 정신병이 아닌 육체적인 병이란 것이다. 뇌에 있는 일정 부분에 화학적인 호르몬이 비정상적으로 분비되어 고통을 받는 육체적인 병이라고나 할까?

가벼운 우울증은 마음의 감기라고도 얘기할 정도로 이제는 사람들의 인식이 많이 달라지기는 했다. 이 병을 가지고 있는 사람을 가족의 한 사람으로 둔 가정은 참으로 어려운 시간들과 함께 해야 한다. 그냥 넘기어도 될 정도로 사소한 감정의 병이 아니다. 그 가정에서 겪는 고통은 생각보다 큰 경우가 많다. 가정이 깨어지고 뿔뿔이 흩어지기도 하며 서로 원망과 비방으로 원수처럼 되는 것이 현실 아닌 현실이다. 가족들이 이해하지 못함으로 환자는 더욱 고립되고 식구들과의 대화도 단절되어 서로 잘못 이해하고 소통과 공감을 하지 못함으로 환자와 가족 모두가 어려움을 겪게 된다.

몇 달 전 남편의 운전면허를 갱신하러 갔을 때다. 우울증, 조울증을 정신병으로 몰아가며, 그런 사람들은 위험인물로 구분되어 면허 갱신을 하지 못한다는 사실을 알게 되었다. 물론 남편은 그런 병을 가지고 있지 않았기에 면허 갱신을 할 수 있었다, 그러나 만약 조현병의 경우라면? 물론 다른 경우이기는 하지만 조울증을 사십 년 정도 겪고 있는 나는 섬찟했다. 이다음에 나도 나이 들어 고령 운전자가 되어 면허 갱신을 받으려면 조울증이라는 병이 없다고 거짓으로 문항에 표시해야 하는 일을 경험해야 하기에…. 그만큼 사회적 통념에 대한 바른 교육과 인식의 변화가 필요하다고 생각했다.

발달장애를 앓고 있는 17세 청년의 색소폰 연주가 나의 눈을 촉촉하게 적신다. 우리가 지금 50년쯤 왔다면 그는 마이너스 50년에서 시작해 지금 17년을 살고 있는지도 모른다. 정상인보다 훨씬 오랫동안 그들은 그렇게 만들어져왔음을 생각하면 그네들이 더욱 현명하고 감성적이고 순수할 수 있는 고귀한 인격의 소유자일 거라는 생각이 든다. 그 청년을 키워낸 젊은 엄마의 얼굴이 너무나 순수하고 청초 그 자체여서 얘기하는 내내 마음이 따스해지는 것을 느꼈다. 그렇게 음악으로 발달장애를 극복하며, 노래와 연주, 또 작곡까지 해내며, 인생 연주를 단순하고 깨끗하게 발표하고 있었다. 마음이 시리도록 순수한 어린 학생을 보면서 저들이 진정 행복한 천재구나 하는 생각이 들었다. 어머니의 희생이 없었다면 그 아이는 지금쯤 무엇을 하고 있을까를 생각하니 새삼 숙연해진다.

조물주가 맡기신 좀 부족한 채로 태어난 아이들을 자녀로 키우게 하는 가정에는 특별한 축복이 함께 한다고 한다. 맡길만하고, "그래, 너희 집쯤이면 되겠어" 하고 그 가정을 믿고 보내신 신의 선물이라는 말을 들은 적이 있다. 그런 장애가 있는 아이들의 가정은 그렇다 하지만, 조울증이나 조현병 같은 뇌의 현상적 특수함을 경험하는 자녀를 둔 가정에서는 대부분 결과가 역기능적으로 나타난다는 점이다. 물론 대중매체에서 장애인에 대한 선한 이야기만 세상에 내보이게 한다는 그런 사실도 간과할 수는 없다. 집안에 조울증을 앓는 사람이 있는 경우, 십 대에서 이십 대에 이 병이 발현하기 때문에, 일찍부터 그 가정에는 비기능적인 삐걱거림이 있을 수 있다는 사실을 인식해 주어야 한다, 그러나 이 질병에 대한 조기진단과 충분한 의사의 도움이 있다면 완치되어 정상적인 사회생활을 하는 사람들도 많이 있다고 하는 것을 우리는 알고 있다. 천재 중에 조울증 환자가 많았다는 보고서도 있지 않은가 말이다.

그렇다면 나는 어떤 사례에 속할까? 조증일 때는 나도 천재인가 하는 생각을 할 정도로 톡톡 튀는 기지가 번뜩인다. 우울증일 때는 나는 완전히 둔재 자체, 즉 바보가 된다. 음악을 하는 사람이어서 그런지는 몰라도 삶이 조증과 울증이라는 현상으로 꽤 리드미컬하게 흘러가는 편이다. 감정의 조절이 잘 안될 때가 있다는 말이다. 대학교 때부터였던 것 같다. 학기 중에는 목표가 있어서 공부도 열심히 하고 사교적이고 순응적인 학교생활을 한다. 그러나 방학이 되면 다른 일을 하는 것이 아니라 잠만 자며 무기력한 생활을 하다가 개학하면 살이 포동포동 쪄서 학교에 가는 것이다. 외부적인 자극제가 없으면 한없이 가라앉는다. 우울증적 상태. 먹고 자는 게 하는 것의 모두이다. 장년이 된 지금도 그래서 나는 끊임없이 일을 벌이고 그것을 하나씩 해나가며 성취도를 높인다. 그러나 계절이 변하거나 내가 조절할 수 없는 어떤 어려운 사건이 터지면 우울 상태로 바로 급변한다.

아버지가 조울증 환자임을 알고 있었으면서도 내가 그러한 증세를 유전적으로 가지고 있다는 것을 안 것은 대학을 졸업하고 몇 년이 훨씬 더 지난 후, 결혼하고 아기를 낳고 나서, 극단적 선택을 할뻔한 큰일을 겪고 나서였다. 피아니스트로 사는 삶을 꿈꾸어 왔던 어린 나는 아이를 낳은 후 산후 우울증처럼 내 인생은 이제 어찌 되는 걸까? 하는 생각이 들었던 것 같다. 지속적이고 정기적인 자극제나 목표가 어떻게 항상 있을 수 있다는 말인가? 그때 나를 보듬고 쉬어도 된다는 메시지를 내가 나에게 주고, 또 누군가가 나를 그렇게 토닥여 주었다면 어땠을까? 저절로 주어지는 것은 아니었겠지만 왜 나에게는 그런 조력을 해주는 멘토나 위로자가 없었던 것일까? 큰 연주회나 시험, 행사를 치르고 나면 보란 듯이 우울 현상이 다시 나타난다. 일을 벌일 때는 모든 일을 나 자신이 홀로 처리하며 최선을 다해 잘 끝내는 성격이지만, 그렇지 않을 때면 나는 경조증 정동장애일지도 모른다고 생각하며 지극히 정상적인 생활을 해나간다.

최근의 우울 현상에서 회복되면서 이번에는 내가 얼마나 조울증에 대해 알고 있나에 대해 알아보는 계기가 있었다. 이것이 정신병인지 육체적인 병인지 다시 생각을 정리하며 아내가 조현병을 앓고 있다는 지인과 함께 대화하며 꼼꼼히 챙겨 보았다. 많지는 않지만, 지적장애나 저능아를 둔 가정에 오히려 행복이 더 가득한 경우를 본 적이 있다며, 조울병이나 조현병은 몸의 장애가 아니라 유전적 요인으로 몸 안에 가지고 태어나는 선천적인 육체적 병이라는 것이 최근 미국의 정신건강 의학회에서 발표하고 있는 내용도 알게 되었다.

왜 나는 이것이 정신적 문제인지 육체적 문제인지, 억지로 카테고리를 정리하려는지 나 자신에게 물었다. 억울함일까? 번뇌의 문제일까? 정상적인 시각으로 조울증 환자들을 보아주고 도와달라는 외침이었을까? 한동안 나는 조울증의 현상들을 영적 문제로도 생각했었다. 기도하면 하나님이 다 낫게 해 주시는데 믿음이 부족해서 그렇다고 해서, 한번은 믿음으로 조울증 약을 끊으며 심한 조증 삽화를 겪어 본 적도 있다. 나는 당해 보진 않았지만, 정신이 제자리로 돌아오라고 기도원의 용하다는 치유 목사를 찾아가서 기도를 받게 하거나, 치료 과정에 무슨 무속신앙 인이 등장하기도 하고, 정신병동에 가두어놓고 약을 먹이며 전기 충격을 가함으로 뇌의 일정 부분에 자극을 주기도 하는 그런 치료법이 횡행하기도 했었다. 그런 과거의 인식 때문에, 내게 심한 우울증 에피소드가 찾아와서 힘들어하고 있을 때도 병원의 격리병동에 입원해야 한다는 의사의 소견을 받아들일 수가 없었다.

과연 나는 미쳐가고 있는 것이었을까? 억울하다. 치료가 가능하고 전문가의 도움으로 양극 선상의 위태로움을 해결하면 좋아질 수 있다는데. 전반적으로 보면 밝고 투명하고 긍정적인 꽤 괜찮은 사람인데…. 조울증 환자들은 병에 대해 무지한 사람들의 시선에 상처받는 피해자라는 생각이 들기도 한다. 미국인의 3%가량이 조울증을 겪고 있다는 보고서가 나와 있다. 우울증과 비슷한 점이 있지만, 전혀 다른 쪽으로 진단 치료를 하지 않으면 많은 자살자가 나올 수 있는 사회적인 파문을 가져올 수 있는 그런 위험한 병이기도 하다. 무지한 사람들로부터 정신병이란 말을 듣는 게 끔찍이도 싫어서 뇌brain 안에 일정한 화학 반응이 균형을 잃어버려 오는 조울증이란 병에 대해 그 안에서 해답을 찾으려 하고 있었는지도 모르겠다. 행복하기만 해도 살아가기 짧은 일생, 조울증이라는 병을 겪어나가며 험난한 세상을 살아내고 있는 나 자신이 어쩐지 억울하고 안 되었다는 생각이 들어서인 것 같다.

어쨌든 다른 사람들의 바람처럼 나도 자신을 사랑하고 행복한 삶을 살고 싶다. 나는 나를 사랑한다. 나 자신을 사랑하는 법부터 배워 나가야 하는 것이 요즘 나의 화두이다. 그래야 내 이웃을, 또 내 가족을 사랑할 수 있음을 알기에 괜찮아, 잘하고 있어, 대단해, 하며 내가 나를 토닥여 본다.

세상은 아직 살만하지 않은가? 입가에 미소를 잃지 않고 사는 방법이 분명히 있다. 다시 시작하자. 내 마음속의 유토피아를 향하여. 목표를 가지고 최고의 인생 연주를 다시 시작해 보자. 피아노 독주회에서 여러 곡을 연주해 보이는 것처럼, 인생에도 이런저런 제목의 연주가 있을 것이다. 남은 나의 인생 연주는 어둡고 슬픈 음악보다는 밝고 행복한 레퍼토리를 개발해서 독특하고 멋진 나만의 삶으로 연주하고 싶다. 실제 정신건강 의학과에서 처방하는 치료약과 함께 인생 연주를 해 나아갈 때, 나머지 내가 살아내야 하는 인생에, 그 연주 목표를 향해 가는 목적 있는 삶에서는 다시 그 우울 삽화를 써나갈 일이 없기를 바라는 마음으로 말이다.

희정아, 넌 해낼 수 있어. 충분히 그러한 능력이 있는 사람이니까.

공기청정기

어이쿠, 집을 나서는데 앞이 뿌옇다. 코로나가 창궐하고 사람들이 밖으로 많이 안 돌아다녀서인지 그동안은 하늘이 청명했는데 겨울 미세먼지가 또 기승을 부린다.

언제부터인가 공기청정기가 집의 필수품이 되어가기 시작했다. 얼마 전 결혼한 딸도 집을 꾸미며 그것을 사들였다. 꼭 필요한 물건인지는 잘 모르겠지만 너도나도 요즘은 실내 공기에 대한 관심도가 높아져서 방마다 공기청정기를 들여놓는다. 그 기계에 오늘 이유도 없이 자꾸 빨간색 불이 켜졌다. 창문도 잘 닫아 두었는데 어디에서 들어왔는지 당최 모르겠다. 아마도 미세먼지가 실내로 들어온 모양이었다. 목도 칼칼하고 헛기침을 해댄다. 깨끗하게 하려는 내 몸이 저절로 기침을 해서 이물질을 내어 보내려 하는 것이 신기하기까지 하다. 이 백색가전과 같이 내 몸도 빨간불을 그런 식으로 켜 주는 것이겠지.

공기청정기가 하는 일은 신기하다. 우리가 호흡하는 공기의 질에 민감하게 반응하는 것이 사람보다 나을 때도 있으니 말이다. 이렇게 작은 틈새, 창문 틈새로 들어오는 미세먼지도 예민하게 감지하여 깨끗하게 걸러주는 공기청정기가 참 신통하지 않은가? 자동으로 맞추어 놓고 온종일 켜 두면 냄새도 먼지도 다 잡아주니 우리는 참 좋은 세상에 사는 것 같다.

요즘은 실내나 공공장소, 또 밖에 나다닐 때도 거의 모두 마스크를 쓰고 다닌다. 코로나 시대 필수품이 되어 버린 마스크, 필터링 기능이 높은 KF94를 쓰고 나가야 좀 안심이 된다.

모양보다는 기능이 중요하겠지? 코로나에 미세먼지까지 잡기 위해, 아예 종이 마스크와 천 마스크로 두 겹을 쓰고 나간다. 기능은 종이 마스크, 모양은 예쁜 무늬의 천 마스크, 이렇게 두 개를 쓰면 두 마리 토끼를 다 잡을 수 있다는 생각이 들어서이다.

마스크도 하루 쓰면 버려야 하듯이 공기청정기도 필터를 자주 갈아주어야 한다. 캐어 매니저라는 직업도 생겨나 여섯 달에 한 번씩 집을 방문해 필터도 갈아주는 참 편한 세상에 살고 있다.

이 좋은 세상, 이 편한 세상에 사는 '나'라는 인간은 얼마만큼의 청정 능력을 갖추고 살아가고 있을까? 나의 인성과 분별력은 어떤 숫자의 마스크로 표현될까? KF94 마스크인가? 아예 숫자가 없는 덴탈마스크 정도일까? 아니면 얇은 천으로 된 쓰나마나한 마스크인가?

과연 어느 정도의 필터링을 세상에 해 주며 살아가고 있는 것인지 궁금해졌다. 공기청정기처럼 작은 미세먼지에도 빨간불이 들어올 수 있는 그런 민감성을 나는 가지고 있는 걸까? '나'라는 내면의 집에 미세먼지라는 불순물이 들어오면 그것을 정화해 줄 수 있는 필터가 있기는 한 걸까?

가정과 사회에서 그리고 나 자신의 내면에서 나를 정화하는 청정 능력의 민감도는 얼마나 되는지, 삶 가운데, 그리고 관계 가운데 스며 들어온 오염물질을 정화하는 기능을 나는 잘 작동시키며 사는 건지 자문해 본다.

마스크와 공기청정기의 필터는 일 년에 한 번이라도 잘 갈아 끼워 주고 있으면서 나 자신에게는 양심의 필터, 신앙의 필터, 관계의 필터를 자주 점검하고 청소해 주고는 있는지. 중국발 미세먼지처럼 우리나라에까지 광범위하게 영향력을 미치는 부정적인 부분이 나의 삶에도 존재하는 게 아닌지 확인해 보아야겠다.

어느 날 갑자기 찾아온 미세먼지처럼, 나도 모르게 불길한 기운이 내 삶 가운데 찾아와, 놀라운 침투력으로 내 마음의 틈새로 들어와서 나를 아프고 병들게 하는 요인들이 되고 있는 건 아닌지 모르겠다.

내 인생의 캐어 매니저는 누구일까? 하나님일까? 수시로 신앙과 양심의 필터를 살피게 하는 분이시니 그럴 수도 있겠다. 성경에 사도바울은 매일 죽는다고 하고 또 매일 새로 태어나 살아야 한다고 말했으니, 혹시 매일 하는 나의 잠자리 기도가 필터의 역할을 하고 있기를 바라본다.

청소하고 가끔은 여행과 같은 치유제로 마음의 필터도 갈아주며 '나'라는 집의 환경을 좀 더 건강하고 깨끗한 장소로 만들어 가야겠다.

확인하고 각성하며 자신이 먼저 깨끗해진 후에 주변과 세상을 향해 나도 공기청정기의 역할을 해야겠다는 깨달음을 준 오늘 날씨에 고마운 생각이 든다.

내 마음의 필터도 교체할 때가 되었나 보다.

아, 어디든 여행을 가고 싶구나.

어이쿠, 저녁이 되어 밖에 나와보니 해가 넘어간 어둠 속도 뿌옇다. 안개인지 미세먼지인지 모르지만 일단 공기청정기는 자동으로 틀어 놓아야겠다. 온종일 마른 기침을 해 대는 걸 보니 공기가 안 좋기는 한가 보다. 이럴 때는 외출을 자제하라는데, 마음 청정기를 자동으로 맞춰놓고 나는 또 동네의 강변을 걷고 있다. 주변의 공기를 청정기가 순화시키듯, 내 마음의 필터도 세심하게 살펴 교체할 시기를 놓치지 말고, 삶의 공기를 깨끗하게 해야겠다. 또 오늘밤 잠자리 기도에는 나의 캐어 매니저에게 요즘 자꾸만 뿌옇게 되는 나의 마음을 깨끗하게 정화해 달라는 애프터서비스를 부탁드려야겠다.

사람 백신

며칠 전 코로나와. 대상포진 백신을 한 날에 맞았다. 지난번에 독감과 코로나 백신을 같이 맞고 아무렇지도 않았기에 이번에도 두 가지 백신을 한꺼번에 맞았는데 어이쿠, 이번에는 몸살이 심하게 왔다. 진통제를 두 번이나 먹고서도 몸에서 모든 기운이 스멀스멀 빠져나가고 팔다리가 오글오글 저리는 것 같은 통증을 느꼈다.

백신은 어느 특정한 병에 면역성을 키워주는 주사로 바이러스나 병원체가 내 몸에 들어와도 크게 아프지 않고 가볍게 지날 수 있도록 세포에 방패를 씌워 주는 역할을 한다.

내 삶에서 주로 맞았던 백신은 다섯 번의 코로나 백신과 독감 백신, 그리고 어렸을 때 맞은 비씨지 불주사가 전부였다. 다행히 지난봄 삼월에 코로나가 내 몸에 찾아왔을 때도 그때 삼차까지 백신을 맞은 터여서 그랬는지 아주 가벼운 증상만을 겪으며 잘 지나갔다.

사람들 사이에 코로나 백신을 맞아야 하나 안 맞아야 하나 의견들이 분분하다. 나와 남편은 백신을 맞아야 한다는 주의이고 내 딸의 가족은 절대 안 맞는다는 주의이다. 어린 학생들과 신생아, 또한 임산부들은 주로 안 맞는 쪽으로 의견이 모였다. 지인 중에도 코로나 백신 후유증으로 꽤 오랫동안 어려움을 겪는 사람을 보아왔다. 백신을 맞고 안 맞는 것은 각자의 선택이지만, 병원체가 몸에 들어와 그것을 겪는 사람의 어려운 경험을 가까이에서 보는 일은 쉽지 않다. 도움을 받으려다 오히려 병을 얻은 기막힌 상황들을 많이 보았기 때문이다.

세상을 살다 보면 사람 백신을 맞을 때가 있다. 이것은 내가 선택할 수 있는 문제는 아니나 어쨌든 나중에는 도움이 될 때가 있다. 관계 가운데 특히 말로 나에게 주어진 폭언, 망언, 비방, 모독 등 이해할 수 없는 언어폭력 앞에서 한 대 맞고 쓰러질 것 같은 기분이 들 때가 있다.

"나한테 왜들 이러는 거야?" 하는 똥을 씹어버린 것 같은 기분이 들다가도, 그 똥을 약으로 쓰면 나에게 도움이 될 때가 있음을 알기에 그냥 지나쳐 버릴 때가 있기도 하다. 얼마의 시간이 지난 후에는 그때 그 일이 나에게 일어나야만 했으며 그것으로 인해 관계가 나빠지거나 더 개선되기도 함을 깨닫는 순간이 오기 때문이다. 몸에 좋은 약은 쓰다는 말처럼, 관계 가운데 나를 공격하는 듣기 힘든 말이 참 쓰게 느껴질 때가 많음은 나만의 생각일까?

육체적인 백신 주사도 맞고 난 이후의 반응이 다 틀리지만, 언어 백신을 맞고 난 이후에도 내가 어떻게 반응하는지는 나만 안다. 주사로 맞는 백신은 며칠 앓고 나면 괜찮을 수도 있지만, 언어나 행동으로 맞은 사람 백신은 그 상처나 아픔이 쓴 뿌리가 되어 오래 가게 마련이다.

얼마 전 나는 사람 백신 주사를 한 방 맞는 사건이 있었다. 그 여자는 내가 하지도 않은 말을 하여 모임에 분란을 일으켰다고 심한 말을 하며 언성을 높였다. 다른 몇 사람으로부터 그 당시 그 모임에서 퍼지고 있던 백신이 얼마나 위험하고 아픈지 들어 왔기에 난 그냥 잠잠할 뿐이었는데 어느 날 그 불똥이 조용히 있는 나한테 날아들어 나를 다치게 하려 하고 있었다. 그 불똥에 맞서 내 억울함을 벗고 나의 의로움을 밝힐 수도 있었지만, 그냥 참기로 했다. 그렇게 화내고 있는 당사자의 아픈 상처를 보았기에 그냥 넘어가 주는 것이 그와 나를 좀 더 성숙하게 하는 거름이 되어주길 바라면서 말이다.

봄이 오고 있다. 이번 겨울은 유난히도 추웠다. 전기, 가스값,

생필품 가격이 모두 천정부지로 오르면서 주변 사람들은 어려움을 겪고 있다. 이렇게 추울 때 백신을 조심해서 맞지 않으면 탈 나기 쉽겠지? 독감백신은 주로 겨울에 맞는 것이기는 하지만 추운 겨울 꽁꽁 얼어붙은 마음에 사람 백신 세례를 맞지 않으려면 조심조심 살얼음판을 걸어가야겠다고 생각해 본다. 어쨌든지 백신은 부작용이 있을 수는 있지만 결국은 나의 면역성을 키워주는 기전을 가지고 있는 만큼 맞아 볼 일이다.

지난겨울 맞은 이런저런 백신이 나의 삶에 어떤 도움이 될까 생각하며, 살포시 찾아오는 봄을 기대하는 마음에 오늘도 내 마음은 설렌다.

올해는 또 어떤 백신을 맞으며 살아가게 될까?

이제는 더 이상 코로나 백신은 안 맞아도 되겠지만 가시가 돋친 험한 말로 나를 아프게 하는 사람 백신은 안 맞아도 되게끔 열심히 주변을 살피며 아름다운 마음으로 세상을 살아가야겠다.

기억과 망각 사이에서

컴퓨터가 인간의 두뇌를 빠르게 대체하고 있는 현실에서 기억은 신성함을 잊고 인격의 상실이라는 길로 가고 있다. 그리스 신화 속 기억의 여신 므네모시네는 이제 기계가 되어가고 있는 것 같다.

인격과 기계의 경계가 무너지고 있는 듯한 현실에서 나는 어떻게든 사람으로 살아가고자 안간힘을 쓴다. 컴퓨터와 인공지능AI은 어디까지 진화하게 될까? 기계 때문에 기억을 관장하는 두뇌의 일부를 쓸 일이 없어진 우리는 점차 기억력이란 단어를 소홀하게 대하게 되는 것이 아닌가 하는 생각을 하게 된다.

이제 겨우 육십 인생을 살아냈을 뿐인데 뇌의 기억을 관장하는 부분이 둔해지는 것을 경험한다. 여러 번의 수술을 받아야 했던 지나간 십 년, 전신마취를 여러 번 해서 그런지 뇌세포가 많이 손상되지는 않았는지 걱정이 된다. 이것은 망각의 신 레테와 기억의 신 므네모시네의 장난이라도 되는 걸까?

수술이든 인생의 나이이든 기억과 망각 사이에서 길을 잃어가고 있는 나는 앞으로 어떻게 살아가야 할지…. 혹, 십 년 후 나도 어느 치매 환자처럼 집에 가야 할 길을 잃고 시장통에 멍하게 서 있지는 않을지 걱정이 된다. 누가 알겠는가? 알츠하이머성 치매는 젊을 때 올 수도 있다고 하는데…. 며칠 전 다른 생각을 하다 운전 중 길을 잘못 들어 차선을 급히 바꾸려고 하는 순간, 사고가 날 뻔한 적도 있어 기억의 중요성을 조심해서 다루어야 하겠다는 생각이 문득 들었다.

모든 수술은 그 수술의 집도인이 누구냐에 따라서 결과가 달라지기도 한다. 내가 수술 집도인 자신이 되어, 직접 내 생각과 마음을 수술한다면 그나마 손쉬운 수술이 되는 것이 아닐까. 웬만큼 자기통제가 안 되는 이상 내 안에 굳게 각인된 성격이나 경험에서 온 생각과 마음의 잘못된 습관들을 고치기는 무척이나 힘이 들기도 하지만 말이다.

나는 나에게 이 수술을 자주 하는 편이다. 가끔 우울증에 깊이 침잠해 있을 때 나는 어쩔 수 없이 내 몸을 이 수술대에 눕혀 놓는다. 그 침대의 늪에선 별의별 수술이 다 이뤄진다. 어쩌면 자기반성과 성찰의 기회가 될 수도 있겠지만 막상 그곳으로 내려가 수술대에 누우면, 자아비판의 수위가 높아져서 마치 환청이 들리듯이 나 자신이 잘 못 한 기억만 귀에서 왱왱거릴 때가 다반사다. 이때 망각의 신이 나를 도와 "이 또한 지나가리라!"를 외우며 힘든 갈등의 늪에서 올라올 때가 많기에, 그 기간이 끝나면 좀 더 나은 인간이 되어가고 있는 것이겠지 자위하며, 수술을 끝내고 세상 밖으로 나오는 행태를 반복한다. 나는 이 수술이 참 싫다. 하지만 안 할 수 없는 노릇, 너무 깊이 내려가지 않기를 바라며 그 수술대에서 있었던 일을 잊어버리려 애쓴다.

살아가면서 또한 육신의 수술대에 올라가야 할 때가 있다. 다른 사람이 그 수술대의 수술 집도인이 되어 나의 몸울 맡기었을 때가 여러 번 있었는데 그런 수술을 받을 때에도 내 몸과 마음에 상처가 나곤 했다.

오래전, 자궁근종을 떼어 내는 수술을 받았다. 산부인과 의사인 둘째 오빠에게 진찰 의뢰를 제일 먼저 했고, 오빠는 직접 수술을 해 주겠다고 나섰다. 다른 종합병원에 가려고 생각했던 나는 친오빠에게 수술을 맡긴다는 게 안심이 되기는 했지만, 형제에게 온몸을 다 벗어 보이고 은밀한 곳을 수술받아야 한다는 사실이 창피하기도 해서 안 하겠다고 했다. 그래도 굳이 오빠 자신이 수술하겠다고 해서 나는 전신마취를 하고 수술대에 누웠었다. 내가 마취로 인해 무의식의 세계를 헤매고 있을 때 여섯 시간이나 어려운 수술을 했다고 한다. 친동생의 몸을 수술한 오

빼는 수술 중 너무나 긴장을 하고 신경을 많이 써서 쓰러질 만큼 힘이 들었다며 다시는 가족 수술은 안 하겠다고 말했다 한다. 그 말을 들은 남아선호사상이 깊으신 우리 엄마는 내가 아무짝에도 쓸모없는 자궁을 남겨달라 해서 수술을 어렵게 만들었다 하시며 투덜거리셨다. 아들을 아끼는 엄마의 마음이 잘 표현된 그 말 한마디에, 큰 수술을 받고 수혈까지 받고 있는 중, 그 상황을 맞닥뜨리며, 나는 딸로서 좀 섭섭한 마음이 들기는 했지만, 그 마음의 상처를 또 망각하며 살아간다.

나는 피아니스트로서, 기억 속에 반복해서 악보를 집어넣어, 그 기억을 기반으로 연주자로서 작곡가의 곡을 재해석하는 게 음악성이라고 강요되었기에 악보를 외워서 하는 훈련을 오랫동안 해왔다.

그런 과정을 거치다 보니 때로는 연주 무대가 수술대로 느껴지기도 하는데 그것은 음악을 듣는 청중이 판단이라는 칼로 악보 없이 외워서 하는 나의 연주를 난도질하는 것처럼 느껴지기 때문이기도 하다.

다행히 나이가 들며 암보에 대한 의무(?)에서 벗어나, 자유롭게 악보를 피아노 보면대에 올려두고 보고 치는 노장 연주자들을 보며, 기억 속에 집어넣고 외워서 치는 연주만을 고집하지는 않지만, 아직도 나의 습관은 청중이 원하는 대로 악보 없이 멋들어지게 외워 연주하는 것을 보여주고 싶은 허망한 욕심에 스트레스를 받기도 한다.

이렇게 기억과 망각 사이에서 오래된 상처의 기억을 삶의 수술대에 올려놓고 있는 것을 보면, 나의 인생은 아직도 수술 중인가 보다. 마취를 받고 수술대에 널브러져, 수술 집도인의 의술에만 나 자신을 맡기어 놓을 때가 더 편하게 생각될 때가 많으니 말이다.

"인생의 총감독은 우연이다."라는 어느 작가의 말처럼 기억과 망각 사이에서 헤맬 것이 아니라, 내 삶에서 일어나는 일은 그저 우연일 뿐이라고 치부하고 사는 게 나을 것 같다는 우스운 생각도 해 본다. 하지만, 기억과 망각, 이 둘 다 우리 삶에서 꼭 필요한 것이 아닐까 싶기는 하다. 어떤 철학자는 망각을 온전한 기억의 완성이라고 보기도 했으니, 나의 삶은 어느 쪽에 더 무게가 실려 있는지를 생각해 본다.

인간은 레테의 강을 매일 잠이라는 육신의 기전으로 건너고, 므네모시네의 도움으로 삶의 행복이나 불행을 기억해 내며 살고 있지만, 나이가 꽤 들어버린 현재의 나는 행복이라는 기억을 선택하며 앞으로 남은 인생을 좀 더 긍정적인 기억으로 채워가며 살고 싶다는 욕심을 낸다.

진실하고 정의로운 기억, 다른 사람을 해치지 않으면서 피해자를 치유하기 위한 기억, 화해를 만들어 내는 기억을 가지고, 아팠던 기억은 망각의 여신에게 주어버리고, 선물로 주어진 오늘을 충분히 향유 하며 즐거운 기억으로만 살아가기를 소망한다.

피아니스트로 사는 나는 뮤즈의 후예일까?

므네모시네와 제우스 신 사이에 난 '무사이(뮤즈)'가 내 인생의 앞날에 선물할 피아노의 감미로운 선율이 오늘도 내 마음속에 큰 울림으로 남아있는 것을 보면서, 건망증이니 치매니 하는 것은 과감하게 지워버리고 오늘을 행복하게 해 주는 아름다운 기억만을 내 마음속에 저장하며 살아가고 싶다.

늙은 호박 라떼

늦은 가을, 냉장고에서 꺼낸 시원한 호박라떼, 보통은 따뜻한 호박죽을 먹지만 오늘은 끓여서 냉장고에 넣어둔 것을 꺼내어 컵에 담아 바로 들이킨다. “라떼는 말이야(나 때는 말이야), 호박죽은 따끈한 것만 먹는 줄 알았는데 요즘은 아이스라떼도 많이 만들어 먹던데!” 늙은 호박으로 만든 호박죽을 마시며 늙은 이처럼 괜스레 한 말 덧붙인다. 애호박으로 호박죽을 끓이는 법은 없으니 호박은 늙어야 제맛인가 보다.

며칠 전 평택 지인 집에 갔다가 호박을 잔뜩 얻어왔다. 색깔도 모양도 각양각색, 처음 본 모양의 호박도 있었다. 호박의 종류는 몇 가지나 될까? 사람도 백인종 흑인종 황인종 등 모양 뿐 아니라 피부색도 여러 가지이니 동식물의 색과 맛이 다른 것이 당연하지만 그날의 호박 선물은 만물의 다양함에 대한 내 무지를 깨는 경험이었다. 인심 좋은 주인장은 내 차에 여러 종류의 호박을 한가득 실어 주었다. 집에 가져와 시골에서 재배한 자연 호박이 있다고 페이스북에 올렸더니 참으로 많은 분이 그 호박을 나눠 달라고 연락이 왔다. 그 덕에 오랜만에 못 보던 얼굴도 보고, 나누어 먹는 재미가 꽤 쏠쏠했다.

호박 껍질을 벗기고 잘라서 믹서에 넣고 우유와 연유, 소금을 조금 투척한 후, 믹서의 '죽 만들기 기능'으로 돌리니 일 분도 채 안 되어 호박라떼가 만들어진다. 진짜 간단하다. 요즘은 이렇게 주부들도 기계문명의 이득을 맘껏 누릴 수 있어 각종 죽을 쉽게 만들어 먹을 수가 있으니 참 편리한 세상이다. 손맛에 따라 맛의 차이가 나는 것은 벌써 옛말이 되어 버린 듯 집안 대대로 물려 내려온 조리비법들도 요즘은 유튜브에 이름만 입력하면 바로 동영상이 떠서 친절하게 요리 선생을 해 준다.

애호박, 단호박, 늙은 호박, 땅콩 호박 등등 호박의 종류가 많기도 하다. 그런데 왜 애호박, 늙은 호박만 있고 젊은 호박이란 말은 없을까? 왜 호박꽃이 못생긴 여자의 표징이 되었을까? 내 눈에는 이쁘기만 하더구먼. 그래도 호박같이 생겼네 하면 막 생겼다고 생각하게 된다. 나이가 들수록 눈꺼풀이 내려앉고 팔자주름에 목주름까지, 얼굴 모양이 늙은 호박처럼 누렇고 우울하게 되어가는 것 같아 하루는 성형에 관심이 많은 친구와 성형외과를 찾았다. 요즘은 의사를 보기 전 상담 실장이 견적을 다 내어 주고 수술 비용을 흥정한다. 주름도 별로 없는데, 양심적 의사라면 보톡스 몇 방이면 해결될 얼굴을 안면 거상이니 뭐니 해서 만족할 만한 결과를 얻으려면 천만 원 이상의 수술비가 들 것이라 한다. 기가 막혀서 참! 그냥 늙은 호박으로 살기로 하고 작정하고 보니 세상살이 호박이란 이름은 참 억울하게 뜻이 왜곡되었다는 생각이 들었다.

간단히 만들어진 호박라떼를 이번에는 따뜻하게 데워 맛을 본다. 일품이다. 카페라떼, 고구마라떼, 홍차라떼, 말차라떼, 우유를 타서 거품을 내어 먹는 라떼 종류는 호박 종류만큼이나 다양하다. 다양한 라떼만큼이나 더 다양한 사람들의 얼굴을 요즘 성형외과에서는 일률적으로 똑같은 기성품으로 만들어낸다. 마치 믹서에서 죽 모드로 끓여 낸 호박라떼처럼.

각양각색의 삶, 여러 가지 맛을 내는 인생도 요즘 모두 획일화되어 개성과 맛을 잃어버린 게 아닌가 하는 생각을 하게 된다.

나의 인생은 어떤 맛의 라떼일까? 하나님이라는 바리스타가 만들어낸 맛있는 라떼이면 좋겠다. 그의 품 안 예쁜 찻잔에 담긴 구수한 라떼이면 참 좋겠다.

이제 어느 정도 나이가 들어보니 예쁘게 모양을 낸 라떼보다는 깊은 맛이 담긴 라떼이기를 소망하게 된다. 멋을 낸 세련된 카페라테보다는 호박라떼처럼 내 손에서 연유와 소금으로 적당히 간이 된 깊은 맛이 나는 나만의 라떼이고 싶다.

늙은 호박도 이렇게 쓸데가 있거늘, 아니, 늙어야 제맛이거늘…. 나도 푸근히 잘 익어서 세상이란 믹서에 섞여 주변 사람들에게 깊은 맛과 향기를 선사하는 호박라떼가 되고 싶다.

갓 끓여 낸 호박라떼, 끓일 때마다 맛이 다른 맛난 라떼를 마시며 오늘 나의 인생은 세상 사람에게 어떤 라떼를 맛보게 했을까 생각해 본다.

인어공주의 세상

자동차 안 라디오에서 리틀 머메이드의 OST 'Part of your world'가 흘러나온다. 바닷물 깊은 그곳, 물의 왕국에서 모든 것을 가지고 있다고 생각한 인어공주는 어쩌다 물 밖 세계를 구경하고 만다. 얼마나 신기하고 흥미로웠는지, 그곳은 그녀가 사는 물밑왕국에 없는 그 무엇들이 많아 보였다. 수행 비서가 잠깐 공주의 잠행을 놓친 것이 사단이 되었다. 일단 땅 위의 세상을 구경하고 온 공주에게 어떤 감언이설로 그곳보다는 물속왕국에 없는 게 없고 노래와 즐거움, 안전함과 모든 안락함의 옷으로 그녀를 감싸고 있다고 하며 공주의 마음을 돌리려 하지만 공주는 말을 듣지 않는다. 공주는 뭍의 세상은 어떤 곳일까 생각하며 왕궁을 떠나 자신도 그 흥미진진한 그 세상 일부가 되기를 꿈꾼다.

기대와 호기심, 재미와 두려움, 미지의 세계에 대한 설렘은 얼마나 컸을까? 나 또한 물속 나라 인어공주의 생활이 궁금해진다. 물속에서만 산다는 것은 어떤 것일까?

성경의 창세기를 보면 하나님이 세상을 창조하시고 궁창에 있는 수면에 가득한 물을 끄집어내어 하늘이란 공간을 만드시고 땅과 바다를 구분하셨다 한다. 그러고는 뭍에 사는 동물과 하늘에 나는 새, 물속의 물고기들을 창조하셨다. 마지막에 사람을 창조하셨다 하지만 반인 반어인 인어는 하나님의 창조 안에 나타나 있지 않은 상상 속의 존재이다, 정말 보았다 하는 사람도 있으나 실제로 그 형체가 사진에 찍히거나 우리 눈에 노출이 된 것은 없는 것으로 알고 있다. 하나님의 피조물이 아닌 상상 속의 동물들을 우리는 꽤 여럿 가지고 있다. 인간이라는 피조물의 상상력에서 나온 2차 피조물들은 또 다른 신의 피조물일까?

나는 자주, 거의 매일 인어공주를 꿈꾸며 수영을 한다. 어렸을 적부터 물이 좋았다. 어렸을 당시에 부모님은 나를 YMCA 수영장에 보내셨고 그곳에서 수영을 배우기 시작했다. 며칠 전 수영장에서 수영하고 잠시 뜨거운 핫텁에서 몸을 푸는데 세 살 정도 되어 보이는 여자아이가 날 보고 '머메이드' 하고 소리쳤다. 그 아이가 수영할 때 나를 본 것일까? 왜 나를 머메이드라 불렀는지 궁금해져 이름을 물어보고 말을 시켰다. 나의 딸이 어렸을 때, 수영장에 데려가 놀았던 기억이 되살아나 아이의 부모에게 양해를 구하고 구명조끼를 벗겼다. 그러고는 풀로 들어가 그 아이에게 물속에서 거품 만들기, 누워서 떠 있기 등 약간의 물과 친해지기를 가르쳤다. 너무 재밌어하며 계속하고 싶어 하는 아이를 보며 나도 내 딸도 이런 식으로 수영을 배웠겠지, 하는 생각을 해 보며 그 어린아이의 새로운 세계로의 흥분과 재미가 고스란히 내 마음에도 전해진다.

또 다른 세상, 물속에서 발이 안 닿는 곳에서 떠 있다는 건 참 두렵고 힘든 일이다. 여름마다 찾아갔던 서해안의 만리포 해수욕장, 오빠들과 친척들 모두가 모텔에서 밥을 해 먹으며 여름휴가를 갔었던 기억이 있다. 동그란 고무 튜브가 없었으면 그렇게 안심하고 바다에서 시간을 보내지 못했겠지만, 그때는 자동차 타이어로 만든 시커먼 고무 튜브 하나면 어떤 파도도 깊은 바닷물도 두렵지 않았다. 재미있고 신나는 여름 바다, 어렸을 적 한때, 한동안 여름은 그렇게 지나가고 있었으나 발이 안 닿는 세상, 내게 다가올 또 다른 세상은 참 어렵고 힘든 그것이라는 것을 그때는 몰랐었다.

어느 해였던가? 바다에 도착한 나는 여느 때처럼 바다를 보며 인어공주가 왕국에 도착한 것처럼 차가운 바닷물로 뛰어들었다. 갑자기 찬물에 뛰어들어서인지 좀 어지러운 증세가 느껴졌다. 모래사장으로 걸어 나오자마자 나는 쓰러졌다. 정신을 차려보니 온몸에 두드러기가 징그럽게 돋아있고 하늘이 샛노랗게 보였다. 의사였던 아버지는 그 증세를 보며 콜드 알레르기이니 앞으로는 찬 바닷물에 들어가지 말라고 하셨다. 인어공주는 드디어 뭍의 즐거운 세상을 보았는데…. 용왕이신 아빠는 공주를 뭍에 나가지 말라 하신다. 그 이후 나는 한참 동안 물에 들어가지 못했다. 그때의 즉시 치료법은 몸속의 피를 다른 피로 모두 바꾸는 것이라 했다. 그걸 하지 않으려면 기다리라 하시며 시집가서 애를 낳고 살다 보면 자연히 없어질 것이란 막연한 진단과 함께 말이다.

나이가 들고 결혼을 하고 미국의 유학생이 되고 나서야 다시 학교의 수영장에 갔다. 그때는 아버지 말씀대로 콜드 알레르기가 없어져서 찬물에도 들어갈 수 있었으나 오래 물을 떠나있던 나는 수영이 잘 되질 않았다. 커뮤니티 칼리지의 어덜트 스쿨 수영반에 다시 들어가 처음부터 다시 배워야 했다. 그제야 몸속에 남아있던 수영의 기술이 살아 나왔다. 인어공주의 병이 치료된 것이다.

그렇게 계속되었으면 참 좋았겠지만 물과 뭍은 두 곳 모두 각자의 영역이 그어져 있었던 듯, 계속하지 않으면 호흡조절이 되지 않았다. 사람은 물속에서는 숨을 못 쉬기 때문에 살 수 없고 물고기는 육지에서는 호흡을 못 하니 또한 살 수 없다. 그렇게 수영을 하다마다, 인어공주가 되었다가 인간이 되었다가 하기를 반복하다 이제 다시 또 다른 세상의 맛을 보며 산다. 물과 뭍은 다른 세상이므로.

암이라는 병이 가져다준 부작용, 섬유근통. 온몸이 아팠다. 족저근막염이 와서 걸을 수가 없었다. 그러나 다시 찾은 수영장, 그야말로 살기 위해 운동을 해야 하는 상황에 할 수 있는 운동은 오직 나에겐 수영뿐이었다. 처음에는 한 바퀴를 못 돌았다. 또 다른 세상으로의 변화는 이렇게 끊임없는 노력과 습관이 몸에 배어야 가능하다는 것을 이 수영으로 깨닫는다. 다시 호흡을 배우고 물속에서 걸으며 어렸을 때 배운 동작을 찾아간다.

또 다른 세상으로의 변화와 이동은 전에 살던 세상에서의 습관과의 이별을 뜻하는 것 같다. 나의 잘못된 고정관념과 습관은 결국 내 몸에 암세포가 자라게 내버려 두었고 수술 후 죽었다가 다시 깨어나 정신을 차린 나는 이전의 나를 죽이는 습관을 새로 만들어야 했다. 힘 빼는 것을 다시 배워야 했고, 나 자신이 모든 것을 제어하려 했던 어리석음 또한 내려놓아야 했다.

새로운 세계로의 입성은 어떤 방법으로든지 대가를 치르게 한다. 암이 아니었으면 깨닫지 못했을 많은 암 환자들의 치료 경험들, 가정이 깨어져 보지 않았다면 알 수 없었던 함께라는 단어의 소중함. 잃어보지 않았으면 몰랐을 건강의 소중함, 잠 못 이루는 수많은 밤을 보내지 않고는 깨달을 수 없었던 보약 같은 잠의 중요성, 이런 모든 것이 죽음을 경험하는 병마를 겪으면서 알아가는 것들임이 분명해진다. '고난이 축복이다.'라는 말처럼. 이제야 진정 감사하다는 말의 의미를 알아간다.

오늘 또다시 수영장에 갔던 나는 그 세 살짜리 어린아이를 다시 볼 수 있었다. 반갑게 다가와 인사를 한다. 운동을 끝내고 핫텁에 있던 나에게 다가와 자신의 수영 실력을 뽐낸다. 구명조끼를 입고 있지만 누워도 보고 팔도 움직이며 찬물의 풀로 가자고 아빠에게 보챈다. 내가 이제 가야 한다고 일어났더니 어디 가냐고 왜 벌써 가냐고 묻는다. 발전한 자신의 모습, 또 다른 세계를 경험한 어린아이가 그것을 보여 주고파 하는 마음이 이쁘다. 저 아이도 인어공주처럼 또 다른 세상을 본 것일까?

인어공주는 사람이 되어 왕자와 같은 세상에 살기 위해 자신의 목소리를 서슴없이 내어 주었다. 발이 안 닿는 불확실한 미래에 떠 있기 위해 나는 어떤 것을 포기하고 희생해야 할까? 오늘도 또 다른 세상을 열고 앞으로 나아가기 위해 발이 안 닿는 깊은 물속으로 걸어 들어간다. 앞으로 다가올 시간도 힘을 빼고 즐겨 봐야지. 그래야 아름답다는 걸 수영에서 배웠으니 말이다.

손병미

나이가 들어가면서 나를 위한 시간을 많이 갖고 싶었다.

맑아질 때까지 들여다보며 남은 인생길을 만들고 싶다.

손병미

2022년 여름 〈창작수필〉 등단.

수필집 『쉼 in Jeju』

현재, (사)한국산림문학회, 창작수필문인회 회원으로 활동 중.

shonlim40@hanmail.net

우물에 빠진 아이

물속으로 빨려 들어갔다. 이 우물에도 끝이 있는 걸까? 함부로 내동댕이쳐진 육체가 아무런 저항도 없이 하강하다가 문득 눈이 떠졌다. '여기가 어디지?' 푸르스름한 빛 안에 내가 있다고 느꼈다.

나보다 일곱 살 많은 오빠랑 다섯 살 많은 언니는 위풍당당하게 버스를 타고 할머니 댁으로 놀러 갔다. 내년이면 학교에 다닐 나이인데 어리다는 이유로 집에 남겨진 나는 입이 댓 발이나 나왔다. 나도 뭐든 잘할 수 있는데 말이다. 엄마가 미워진 나는 얼마 전 이사 온 집 근처를 비실비실 돌아다니며 놀잇감을 찾았다. 생전 처음 보는 원기둥이 보여 냉큼 달려갔다. 우물이었다. 속이 검은 것을 보니 꽤나 깊은 모양이다. 도르래가 달린 두레박이 신기했다. 물을 길어 다리에 부었다. 청량한 시원함에 우울했던 기분이 풀리는 듯했다. 연신 물을 길으며 세수도 하고 발도 닦고 예쁜 꽃분홍색 슬리퍼도 닦아 신었다. 그러다 그만 무거운 두레박에 미끄러운 슬리퍼가 합세하여 내 몸을 우물 안으로 당겨 들였나 보다. 시간이 멈춘 듯 아득함 속에 꿈을 꾸는 걸까?

나는 물이 무섭다. 당연하지. 나는 아가미도 없고 지느러미도 없고 아름답게 흔들어줄 꼬리도 없는데. 물은 마시라고 있는 거고, 바다는 바라보라고 있는 거야. 골 깊은 계곡물은 발 담그라고 있는 거고, 조금씩 솟아나는 약수는 귀하게 나누어 먹으라고 있는 거야. 봄비는 대지를 깨우려고 사랑스럽게 토닥이고, 여름 장맛비는 힘차게, 강하게 자라라고 장대같이 쏟아지고, 가을비는 멈추어 서서 마음을 숙성시키라고 내리는 거야. 겨울비는 변화가 필요했나 봐. 더 확실하게 내 마음을 흔들고 싶었던 거지. 좁디좁게 내 안만 바라보다가 넓은 더 넓은 아름다움으로 눈을 돌리고 자연을 품어보라고. 내 안의 못남을 덮어주는 거지. 걱정하지 말라고 말이야. 그리고 내 눈물은 어릴 때는 아픔을 보여주는, 나를 봐달라는 무기였지만 지금은 내 마음이 따뜻하게 기도하고 있다는 뜻이야.

예전에는 놀이였던 문화들이 지금은 운동이라는 이름으로 공부가 되어버렸다. 나는 개울가에서 물장구치고, 물싸움하다 지치면 돌을 들춰 가재를 잡았는데, 내 아이들은 소독약 탄 물속에서 폼 나게 수영을 하고 있다. 가끔씩 물속에서 자유로운 아이들을 보면서 나도 가능할까? 고민했다.

옛 기억의 트라우마는 내 몸속에 오래 기억되었다. 그 두려움의 덩어리가 언젠가부터 균열이 생기기 시작했다. 무엇이든 극복할 수 있다고 아이들만 다독일 것이 아니라 나부터 묶여 있는 몸을 풀어보기로 용기를 냈다. 온몸에 힘을 주던 긴장감이 사라지자 나는 생각했던 것보다 훨씬 수영을 잘했다. 자유형에 자신이 붙은 나는 3m 깊이의 선수용 수영장에도 도전했다. 물의 묵직함이 압도적이었지만 오히려 많은 양의 물이 내 몸을 잘 떠받쳐주어 엄마 뱃속에서의 양수처럼 잘 감싸주었다. 바다는 싫다며 산에만 오르던 내가, 바다만 가면 재밌게 놀다 오라며 짐만 지키던 내가, 말레이시아 랑카위에서는 씨 워킹과 스노클링도 멋지게 성공했다. 네 식구가 바다에 둥둥 떠다니며 함께 즐기는 일이 내게도 생겼다.

여행 중에 어린이 풀장과 어른 풀장이 이어져 있는 수영장에서 나는 잠시 쉬느라 어린이 풀장에 가만히 앉아 있었다. 작은 물살의 일렁임에 현기증이 느껴졌다. 젊은 엄마들은 수다에 빠져있고 아이들은 물놀이에 빠져있는 사이로 아장아장 물속의 계단을 걷고 있는 돌쟁이쯤으로 보이는 아기가 있었다. 귀여움에, 어쩌면 위험스러운 몸짓에 바라보고 있었던 것 같기도 했다. 본능적으로 나는 아기에게 엎어질 듯 뛰어갔고 계단 끝 깊은 물속으로 가라앉는 아기를 끄집어 올릴 수 있었다.

그 옛날 나를 구해준 아저씨도 그런 마음이었을까? 모르는 아이지만 우물가에서 놀던, 자꾸 신경이 쓰이던 꼬마 여자아이가 갑자기 보이지 않았을 때, 본능처럼 뛰었던 그 마음. 짐을 묶던 굵고 까만 고무줄로 몸을 감고 내려와 나를 끌어올려주던 그 아저씨에 대한 고마움을 나는 그날 그 아기를 안고 더 깊이, 찐하게 느꼈다.

트라우마는 우리를 과거 속에 묶어 놓고 그 굴레에서 벗어날 수 없게 만든다고 한다. 하지만 바라볼 용기가 생기면 언 땅을 녹이는 햇살을 향해 솟구쳐 오르는 새싹처럼 다른 세상에서 멋진 꽃을 피울 수 있다. 시간이 조금 더 필요했을 뿐이었다. 상처와 마주해 보니 그 속에 공포만 있었던 건 아니었다. 엄마의 기도와 많은 사람의 관심과 격려, 그리고 나의 노력이 있었다. 피하려고만 하던 물과의 악수가 나를 자유롭게 해 주었다. 물속에서 허우적거리며 악몽에서 깨어나곤 했던 내가 더 깊은 물 속으로 잠영도 할 수 있게 되었다. 이제는 그곳에서 몸을 돌리면 수직으로 상승할 수 있다는 것을 알기 때문이다.

소풍

사람의 몸은 그 사람을 기억한다. 내 몸은 나를 기억하며 내가 가는 길에 힘을 북돋우어 준다. 팬데믹으로 묶여있던 삼 년이지만 하나씩 하나씩 기억의 세포들이 깨어나면서 웃음을 선물 받는 기분, 특히 노래할 때가 그랬다.

온몸으로 표현되는 것이 음악이다. 합창의 경우 특히 표정과 입 모양이 중요하다 보니, 노래는 침이 분출된다는 점에서 코로나19에 직격탄을 맞았다. 함께 연습하던 교회도 문을 닫았고 모두의 근심 속에서 노래는 울먹임처럼 속으로 웅얼거리는 혼잣말이 되어버렸다. 그러다가 엔데믹 소식과 함께 음악을 열렬히 사랑하시는 목사님께서 작은 교회의 문을 열어주셨다. 힘을 얻어 다시 시작한 노래에는 전에 느낄 수 없었던 간절함의 열정이 있었고 마스크로 인한 숨 막힘 속에서도 터져 나오는 외침이 있었다. 그렇게 몸의 세포를 깨우고 감정의 섬세함을 느껴가며 우리 비바부부합창단은 숲과문화연구회 30주년 기념행사에서 짧은 축하공연을 했다. 비록 네 곡이었지만 노래하는 우리도 듣는 관객들도 오랜만에 느끼는 라이브의 생동감에 환호하였던 공연이었다. 노래든, 글이든, 연애든 시작이 중요하다. 첫 음의 울림이 모두의 귀를 모아 소름을 돋게 했다면 거의 성공이다. 커졌다가 작아지고, 빨라지다가 느려지면서 듣는 사람의 마음을 사로잡았다면 우리는 벌써 공감으로 하나가 되어 있는 거다.

우리는 자신감이 생겼다. 함께하는 기쁨을 맛본 우리는 다음 공연을 위한 연습을 시작했다. 우울함을 겪은 우리에게 선물 같은 노래를 부르기로 하면서 기쁘고 생명력 있는 곡을 선정하기로 했다. 존 루터의 성가곡 〈딥 피이스〉, 이해인 수녀님의 시에 곡을 입힌 〈기쁨에게〉. 그리고 그다음 선곡은 〈귀천〉이었다. 귀천? 귀천이라고?

처음에는 뜻밖의 선곡이라고 생각했다. 잘살아 보자고 애쓰고 있는 사람들에게 '나 하늘로 돌아가리라.'로 시작하는 노랫말이 생경하게만 느껴졌다. 누구나 알고 있고, 누구에게도 예외가 없는 귀천이지만 누구도 빨리 가려고 애쓰지 않는 주제를 가지고 노래를 한다는 것이 이 시기에 맞지 않는다고 생각했다. 그랬는데, 노래를 부르면 부를수록 애정이 갔다. 내가 죽어도 갈 곳이 있다니 얼마나 다행인가 싶었다. 길을 헤맬 필요도 없고, 망설일 필요도 없이 내가 돌아갈 곳이 있다니 감사한 마음이 들었다.

살아있는 모든 것은 움직인다. 생명은 파장이 있고 이성과 감성이 엇갈려 가며 절정을 향해 가다가 스러지고, 작은 불씨만으로도 다시 살아나는 것이 우리네들의 인생이라는 생각이 들었다. 누구도 예상하고 준비하지 못했던 질병이 우리의 삶을 좀먹듯이 파고들어 와 누구는 아팠고 누구는 너무나 아팠고 그리고 누구는 하늘로 돌아갔다. 생각지 못한 불행 앞에서 자꾸 어깨가 움츠러드는 나의 모습을 보면서 지금은 어깨를 펼 때구나 생각했다. 잘 가기 위해서는 지금 잘 살아야 하는 의무와 책임이 있다. 이 세상의 삶이 소풍이라고 천상병 시인은 힘주어 이야기한다. 소풍이란 모름지기 흥분되어 기다리는 즐거움이 있고, 행여 비가 올까 걱정하는 관심이 있고, 엄마가 싸주시던 김밥이 있고, 짝꿍과 손잡고 걷던 길이 있고, 돗자리 펴고 둘러앉던 풀밭이 있고, 노래도 춤도 있는, 온통 즐거움이 가득한 축제, 그것이 바로 소풍이었다. 시인은 그렇게 즐겁고 행복하게 살자고 그것이 인생이라고 말하고 싶었던 모양이다. 슬픔에 주저앉아 있는 사람에게 손을 내밀어 함께 가는 것이 소풍이라고 말하고 싶었던 모양이다. 소풍은 절대 혼자 가지 않는다. 낯선 곳이어도 함께여서 행복할 수 있는 것이 소풍이다. 익숙함을 벗어나지만 두려움은 없다. 호기심이 있을 뿐이다. 왁자지껄 시끌벅적해야 제격이고, 집집이 맛이 다른 김밥을 맛보고 삶은 계란에 톡 쏘는 사이다도 한잔해야 제격이다. 나의 잘남을 뽐내며 지인들에게 보여주고, 남의 잘남에 박수치며 환호해 주고 그렇게 큰 톱니바퀴와 작은 톱니바퀴가 맞물려 돌아가듯 재미나게 살다가, 새벽이슬과 저녁노을과 함께 시인처럼 놀다가 구름이 손짓하면….

나무가 나이를 먹으면서 나이테를 만들듯이 나도 나의 모습을 만들어간다. 내 몸은 나를 기억하며 나를 다듬어 간다. 거짓말하지 못하는 나의 표정들을 보면서 더 잘 익어야겠다고 생각하며 빈 곳을 채워간다. 하지만 옛날처럼 완벽함을 추구하지는 않는다. 비어 있는 곳은 웃음소리로 채우고 못난 곳은 미소로 메꾸며 가끔씩은 바보처럼 살아봐야겠다. 천상병 시인은 '가서, 가서, 가서, 가서 아름다웠다고 말하리라.'로 노랫말을 끝맺음했다.

나는 하늘로 돌아가면 어떤 말을 하며 천상의 생활을 시작할까? 이제부터라도 그 한마디를 준비해 봐야겠다.

그때는 몰랐다

대지가 기지개를 켜는 때, 나른하게 녹은 눈들이 땅으로 스며드는 시절에 제일 먼저 봄을 알리겠다고 피는 산수유는 그 부지런함에 비해 지루한 노란색이라고 생각했다. 그렇게 봄의 전령의 자리를 밝은 노랑의 개나리에 내어주고 곧 잊히는 산수유는 겨울에 더 확실한 빛으로 나에게 다가온다. 꽃보다 진한, 꽃보다 더 크고 더 확실한 빨간 핏빛 열매로 선명하게 다가온다. 춥고 얼얼한 긴 겨울 동안 아기 예수님의 탄생을 기억하듯, 성탄 선물처럼 달려 있다.

흰 눈을 모자처럼 눌러쓴 산수유 열매를 바라보다 문득 아버지 생각이 났다. 키는 작았지만 다부진 체격에 추위를 모르는 건강한 분이셨다. 그 시대 어른들이 그러하셨듯이 따뜻하고 곰

상스러운 말 한마디 할 줄 모르시는 분이셨지만 막내인 나를 예뻐라 하셨다는 느낌은 많았다. 당신이 술 한 잔 기울이고 오시는 날에는 "나 혼자 맛있는 거 먹고 오면 되겠냐."라며 꼭 군것질거리를 사 들고 오셨다. 등굣길에 시간이 맞아 같이 걸을 땐 늘 그 무거운 가방을 들어 주셨고, 야간 자율 학습을 하는 날에는 시간 맞춰 버스 정류장에서 나를 기다리셨다. 내가 버스에서 내리기가 무섭게 가방을 받아 드시며 앞장서서 걸었다. 밤하늘과 아버지의 뒷모습을 번갈아 바라보며 집을 향해 걷던 그 길 위에는 막내딸에 대한 아버지의 정이 곳곳에 서려 있었다.

어느 날 폭설이 내린 후 연이은 한파로 길이 온통 빙판이 되었다. 여기저기서 벌러덩 넘어지며 비명을 지르고, 아픔보다 부끄러움에 더 어쩔 줄 몰라 하는 사람들이 많았다. "아버지가 밟은 자리만 밟고 따라와." 나는 다 탄 허연 연탄재를 던져 놓은 자리를 밟으며 아버지 뒤를 쫓다가 아뿔싸! 안 넘어지려고 버둥거리다가 그만 앞에 있는 아버지를 밀어버렸다. 아버지는 들고 있던 내 책가방을 허공으로 날리며 앞으로 넘어지셨다. 그날 나는 몰랐다. 아버지가 고통 속에 병원을 다녀왔다는 것을. 그날 이후 날이 궂으면 무릎 통증으로 힘들어한다는 것을.

어느 날 문득 그날의 일이 영사기의 무성 영화처럼 흐릿하게 떠오르다가 그 사건이 아버지 무릎 통증의 시작이었구나 하는 생각이 들었다. 아버지와 함께였기에 재미있던 등굣길이었는데…. 내가 돈을 벌게 되면 빨간 내복 대신 몸에 좋은 것 모두 다 넣어 보약을 지어드려야지 결심했었다. 그랬는데 안타깝게도 내가 대학교 1학년 여름 방학 때 아버지는 갑작스레 세상을 떠나시고 말았다.

남편은 나무를 사랑하는 숲 사랑쟁이다. 나무를 심고 가꾸고 산불이 할퀴고 간 자리를 눈물로 복원하던 사람이다. 산을 너무 많이 오르내린 탓에 무릎의 연골이 너무 닳아서 통증이 심각할 때도 여러 번 있었지만 살살 달래면서 살겠다고 수술을 거부했다. 약간 부어오른 무릎 관절에 찜질을 해주고 약을 발라주면서 아버지의 무릎 이야기를 해 주었다. 나도 부모이기에 자식 사랑으로 얻은 훈장 같은 흉터는 고통만 있는 것이 아니라 사랑이 있고 기쁨이 있기에 아파도 아프지만은 않은 희열이 있음을 안다. 황망히 떠난 아버지에게 못 해 드린 보약을 남편에게 해줘야겠다고 하니 "얼굴도 뵙지 못한 장인어른 덕분에 내가 호강을 하네. 장인어른 감사합니다." 하며 하늘을 향해 인사를 한다.

겨울이면 아버지가 사 들고 왔던 풀빵 닮은 붕어빵을 산다. 아버지는 자고 있는 내 귀에 바스락바스락 봉지를 비비며 소리를 내고, 나는 잠에 취해 떨어지지 않는 눈을 하고도 벌떡 일어나 풀빵을 먹었다. 눈은 감은 채 콧구멍을 벌렁거리며 오물오물 먹다가 다시 스르르 잤다. 이도 안 닦고 잔다고, 살이 오른다고 걱정하는 엄마의 잔소리를 흘려들으며 달콤하게 단잠에 빠져들던 기억이 나서인지, 겨울만 되면 붕어빵이 당긴다. 바삭한 꼬리부터 크게 베어 물면 추억의 맛이 올라온다. 절대 한 마리만 먹을 수는 없다. 서너 마리는 먹어야 마음이 차오른다.

아버지는 환갑 잔칫상을 받지 못한 육십 세에 세상을 떠나셨다. 이제 내가 그 나이가 되어서일까? 유난히 아버지 생각이 많이 나는 것은…. 아버지를 보낸 그해 여름 방학은 길기만 했다. 다시 2학기를 시작하여 만난 나의 동기들은 내게 이렇게 말해주었다. "하늘에서 보고 계신 아버지를 생각하며 기쁘고 행복하게 지내." 참 어려운 말이었다. 곁에 계실 때는 살짝살짝 거짓말도 하고 너무 이른 통금 시간에 반항도 했었는데, 하늘 높은 그곳에서 보고 계신다니 나는 꼼짝없이 잘 살아야만 한다. 잔꾀가 통할 것 같지 않은 생각에 나름 열심히 지낸 나의 젊은 시절이었다.

내가 사랑한 사람들은 꼭 옆에 있지 않아도 옆에 있다. 온기를 품은 사랑의 따뜻함은 옆에 있지 않아도 전달된다. 사랑의 메시지는 말하지 않아도 전달되고 소리가 없어도 들린다. 볼 수 없어도 보이고 만질 수 없어도 촉감이 살아있다. 내가 보약을 선물할 순 없으나 기도를 선물할 수 있음에 감사하며 고마운 마음을 전한다.

"아버지, 벌써 제가 아버지랑 동갑이에요!" 씁쓸하게 혼자 중얼거리며 돌아보니, 남편이 따뜻하게 웃어주고 있다.

기회

갑자기 검은 보자기가 내려오더니 나를 덮어버렸다. 완전한 어둠은 아닌지라 검은 천을 통해 흐릿한 빛이 보이고 사람의 움직임이 보인다. 누군지는 알 수 없으나, 무엇이 그리도 바쁜지는 알 수 없으나, 오고, 가고, 뛰는 모습에 잠시 현기증이 일었다. 멀쩡하게 길을 걷다가, 갑자기 돌부리에 걸려 안 넘어지려고 곡예를 하듯 흔들리고 있는 안쓰러운 나의 모습이 비치는 듯하다. 나는 안다. 어쩌면 모를 수도 있지만 나는 늘 안다고 믿었다. 꿈일까? 꿈이면 좋겠다.

“이제는 위험한 고비를 넘긴 것 같네요. 6개월 후에 뵙겠습니다.”라는 의사의 말에 우리는 모두 웃음을 되찾았다. “아싸! 고생한 보람이 있네.” 짧지 않은 삼 년 동안의 암 투병 시간을 끝내며 언니는 제2의 삶을 어떻게 만들어갈까? 행복한 고민에 빠져 있었다. 코로나도 앤데믹을 향해가고 마스크를 벗어던지니 봄바람이 주변을 서성이며 바람나기를 기다리고 있는데. 꽃망울 터지는 홍매화의 붉은 유혹에 그냥 빠져보려 했는데. 갑자기 6개월 후에 만난 의사는 "전이되었습니다. 장기에 여기저기 흩어져 있어 수술은 어렵고 항암치료를 해야겠습니다."라는 사형선고 같은 말을 영화 대사처럼 물기 없는 말투로 툭 던져버렸다. 독침에 찔려 바람이 조금씩 빠져가는 풍선처럼 삶이 탄력을 잃고 찌그러지며 검게 물들어 간다. 언니는 다시 지옥에 떨어지고 길을 잃은 듯했다.

누군들 모를까? 이 세상에 가장 공평한 것이 있다면 그건 누구나 죽는다는 사실을. 사람은 살아가고 있고 삶 안에서 웃고 울지만 우리는 누구나 죽음을 향해 걸어가고 있다는 불편한 진실 말이다. 우리는 죽음에 관대하지 않다. 늘 내 것이 아닌 것, 내 차례가 아니라고 생각하기에 삶의 반대 방향은 늘 갑작스러운 선고를 받는 기분이 들고, 늘 억울하기만 한 것인가 보다. 죽음은 냉철하고 명백하기에 외면하게 된다.

죽음은 남의 일일 때는 철학이 된다. 머리로만 생각하는 죽음에는 눈물이 묻어나지 않는다. 예수를 처형하라고 소리 지르는 유대인처럼, 뭣도 모르면서 다 아는 체하는 바리사이들이나 율법 학자처럼 죽음은 냉정하다. 묻고 따지고 되새김질하며 생각하고 생각하다가 결론은 늘 메멘토 모리Memento Mori를 읊조리게 된다. '죽음을 기억하라!' 매 순간 오늘이 그날이라고 생각하며 하루를 맞이하면 세상이 달라 보일까? 혼자 가는 삶이 아니라 함께 가는 삶이 되어야 하니 결국은 잘 살아내는 것이 잘 가는 것이고, 그것이 만족이고 행복이라면 됐다 싶다. 고개를 살짝 돌리면 그곳에는 또 바쁘게 돌아가는 일상이 있기에, 삶을 잘 구상하며 달리다가 중간중간 숨 고르는 시간에 삶의 방향을 재정비하면 족하지 않을까?

다시 투쟁이 시작된다. 인간의 정신에는 늘 나쁜 일에 맞서서 용기백배하며 일어나는 기적 같은 의지가 있다. 그 시작은 밥이다. 배가 허하면 생각도 허해지는 법. 몸 안에 에너지를 채우며, 또 희망을 이야기하며 살아가는 방법을 찾아가는 게 우리의 삶이다.

구스타프 클림트의 '삶과 죽음'이라는 그림을 가만히 들여다봤다. 죽음의 신은 늘 인간의 삶 코앞에 바짝 얼굴을 들이밀고 있다. 그리스 신화에 나오는 아크리시오스는 딸이 낳은 아들에게 살해를 당한다는 무서운 신탁을 들었다. 신탁은 비껴갈 수 없음을 알면서도 아버지는 딸 다나에를 남자를 만날 수 없는 탑 속에 가두지만, 올 것은 온다.

기도하려고 가만히 앉았지만 떠오르는 생각은 없다. 신을 향해 막무가내로 떼쓰고, 협박하고 협상을 하고 마음속이 뒤집혀도 다시 찾아오는 고요함은 그저 침묵이었다. 죽음은 늘 곁에 있는데 나는 왜 그 죽음과 친해질 수 없을까? 몇 년이라도 더 살겠다는 욕심이 없어지면 죽음과 친구가 될 수 있을까?

나라면 무엇을 하며 지낼까? 깊이 생각해 봐도 크게 의미 있게 다가오는 것이 없었다. 그저 일상의 소소한 감정에 감사하고 행복을 느끼기 위해 노력하고, 보고픈 사람에게 따뜻한 밥 한 그릇 대접하고 싶고, 보고 싶어도 볼 수 없을 사람의 평화를 위해 글 한 줄 남기고 싶을 뿐. 방법은 서툴렀으나 너무나 사랑했다고.

내일 지구가 멸망한다 해도 나는 오늘 한 그루의 사과나무를 심겠다던 스피노자의 말이 떠오른다. 나도 사과나무를 심고 싶다. 내가 없어도 쑥쑥 자라 뒤에 남을 수도 있을 사람에게 일용할 양식의 희망이 되어줄 나무를, 성장하여 풍요롭고, 대를 이을 희망을 말이다. 삶은 혼자 살 수 없기에 다시 손을 고쳐 잡고 웃음을 선물해야겠다.

며칠 전 신문 칼럼에서 사대천왕(양가 부모님)을 모시고 사는 가족의 이야기를 읽었다. 100세가 넘으신 어머니가 코로나에 걸렸으나 가족들의 걱정이 무색하게 건강히 휠체어를 타고 퇴원하는 어머니를 반기면서 하는 딸들의 대화가 해학적이었다. "우리 엄마가 또 기회를 놓친 거 맞지?"

나는 언제쯤 죽음이 하느님을 만나는 기회라고 느낄 수 있게 될까?

나도 남자 있다

시차가 무색할 만큼 잘 자고 눈을 떴다. 어제 늦은 밤, 깊은 어둠 속에서 만났던 숙소는 아침에 일어나 보니 나를 백설 공주로 착각하게 했다. 왼쪽 창을 통해선 넓은 초지가 시원하게 보이고 뒤편 창을 통해선 소나무 숲이 보였다. 넓은 마당에는 사과나무 몇 그루가 있고 금방이라도 일곱 난쟁이가 튀어나올 것 같은 작은 집이 두 채나 있었다. 남편과 동행하여 날아온 독일에서의 첫 아침은 마치 동화 속 같았고, 모든 세포가 깨어나는 듯 아름답고 활기차 신이 났다.

오랜만에 맛보는 갓 구운 독일 빵과 커피 덕분에 한껏 마음이 들뜬 나, 오늘은 혼자 기차를 타고 지인을 만나러 슈투트가르트로 가는 날이다. 서둘러 도착한 역에는 선로만이 길게 누워있었다. 아무것도 없는 공허한 시골 기차역에 서 있으려니 용기가 필요했다. 낯섦의 시작은 입김이 뿜어 나오는 차가운 공기와 덩그러니 혼자 서 있는 표 파는 기계와의 대면이었다. 그렇게 고독한 기차 여행 끝에 슈투트가르트에 도착하여 예전에 함께 노래했던 합창단 지휘자 선생님을 만나 오랜만에 회포를 풀었다. 반가움만큼이나 파란 가을 하늘 아래에서 한국인 건축가 이은영의 작품인 시립 도서관에 갔다. 하얀 벽면이 나까지 창백하게 만드는 듯도 했지만 멋진 공간 활용은 역시 상을 받을만하다는 인정을 하게 했다. 탄성을 지르게 하는 벤츠 박물관에도 갔다. 지금은 흔하디흔한 것이 자동차지만 그 옛날의 차들은 뮤지엄에 전시될 만큼 가치가 있는 예술품이었다. 그 크기와 색감에 놀라며 차의 역사와 함께한 세계의 역사적인 사건들을 보다가 나는 살짝 시간이 길어졌다는 생각이 들었다.

나쁜 예감은 틀리는 법이 없는 것인지, 예매한 기차 시간을 3분 지난 후에야 기차역에 도착했고 선로는 텅 비어 있었다. "뭐 지나간 것은 지나간 것. 시간과 돈이 더 드는 만큼 경험도 쌓이겠지. 그거면 됐지."라며 개폼을 잡았다. 다행히 추가되는 요금 없이 다음 기차 편을 예약하고, 물 한 병을 사서 마시며 천천히 역을 구경하며 다녔다. 여기까지가 나의 여유로운 시간이었다. 마치 태풍 전야처럼 평화롭게 말이다.

환승을 한번 해야 하는 다음 기차를 타고 안내 전광판이 바로 보이는 곳에 자리를 잡았는데, 안내 멘트와 함께 갑자기 사람들이 내리는 모습이 당황스러웠다. 이 기차는 취소되었고 삼 번 플랫폼에서 다른 기차를 타라는 뜻인 것 같았다. 황급히 안내센터로 갔지만 줄이 너무 길었다. 딱 한 곳뿐인 매표원이 있는 창구도 줄이 길고, 기차는 곧 떠날 것 같고. 조급한 마음에 일단 기차를 탔다. 두리번거리다 여행객이 아닐 것 같은 모습인 넥타이를 매고 있는 신사에게 조심스럽게 다가가 나의 목적지까지 가는 기차인지 물어보니 갈아타야 하는 환승역 이름을 알려주었다. 혹여나 내가 지나칠까 두려워 종이를 내밀고 역 이름을 써 달라고 했다. 그 종이를 쥐고 역 이름을 작은 소리로 중얼거리며 머릿속에 저장했다. 신사는 좋은 여행 하라며 떠나가고 나는 전광판에 눈을 고정하고 앉아 있는데, 마음이 이상하게 싸했다. 꽤 많은 역을 지나왔는데 싶어서 스마트폰을 켜고 노선 검색을 하려다 보니 남은 배터리가 19%에서 14%가 되더니 금방 9%로 떨어져 버렸다.

옛사람들은 5장 6부로 살아갔지만, 현대인은 5장 7부로 살아간다고 한다. 6부 밑에 하나 더 생긴 7부, 스마트폰을 장착하고 살아간다는 것이다. 몸의 어느 곳을 다친 것보다 더 마음이 덜컹했다. 남편과의 연결고리가 끊어지면 나는 암흑 세상에 던져지는 거다. 소중하게 휴대폰을 주머니에 넣고 차창 밖을 보니 어느새 종점인 '흡'역에 와 있었다. 이제는 어둠이 내리는 시간,

개와 늑대의 시간이 되었다. 낯선 곳에서의 어둠은 두려움이 묻어 나온다. 그때 빨간 모자가 멀리 보였다. 역무원이다. 사람은 없고 기계만 즐비한 역에서 사람을 만나는 건 큰 행운이다. 나는 냅다 달리며 "할로!"를 외쳤다. 그 여인 덕분에 나는 길을 찾았고 다시 기차에 몸을 실었다. '호흐 도르프'역에서 환승을 하려고 내렸는데, 이곳도 바람만 스쳐 갈 뿐 사람이라곤 아무도 없다. 내가 타고 온 한 칸짜리 기차만 덩그러니 있었다. 갑자기 내가 탔던 기차의 기관사가 나를 불러 다가가니, 내가 탈 '프로이덴 슈태텐' 행 기차가 25분 연착한다는 사실을 알려주고, 잘 가라고 인사하며 떠나갔다. 완전히 혼자다. 기차역이 텅 비었다. 주위에는 집의 불빛도 없고 가로등 하나만이 철로를 비추고 있었다. 잠시 후에 한 여인이 역내로 걸어 들어오고, 기차가 한 대 들어오더니 목발을 짚은 한 남자를 내려놓고 기차는 떠나갔다. 한걸음에 달려온 여인이 남자의 품에 안기며 깊은 입맞춤을 나누더니 부둥켜안고는 삐걱삐걱 걸어가 버렸다. 영화의 한 장면 같은 아름다운 모습이었지만 나는 심술이 사나워졌다. "나도 있거든. 남자!" 하며 괜한 심술을 토닥이는데 '프로이덴 슈태텐' 이라는 이름표를 단 기차가 달려왔다. 휴!

사람들은 다 어디 가고 기계만 있는 세상이 되었을까! 돈만 먹고 말 한마디 하지 않는 기계는 막막한 여행객에겐 잔인하기만 했다. 독일어, 영어, 스페인어 세 개의 버튼 중 무엇을 눌러도 나의 문제를 해결해 주지 않았다. AI가 아무리 발달한들 지금의 내 마음을 이해하고 토닥여 주고 문제를 같이 해결해 줄 수 있을까? 결론만이 있는 세상에서, 편리함만 추구하는 세상에서 나는 몹시 외롭고 추웠다. 조용필은 '실패와 고뇌의 시간을 비껴갈 수 없다면 나는 이 세상 모든 것들을 사랑하겠네.'라고 노래했지만 나는 거기에 덧붙여 이 세상 모든 사람에게 친절해야겠다고 생각했다.

여행 중에 길을 잃지 않는 것은 진정한 여행이 아니라고 어느 여행 작가는 말했다. 나는 예상치 않은 사건과 잘못된 정보로 인해 혼란스럽기는 했지만, 기차를 타고 슈발츠발트 여러 동네를 돌며 많은 풍광을 볼 기회를 얻은 것은 덤이라는 생각도 들었다. 열심히 역 이름을 듣고 외운 덕분에 한 번 다녀간 듯 반가운 마음이 든 것은 내릴 곳이 다가오고 있다는 안도감 때문이었을까.

지칠 대로 지쳐 기차에서 내리는데 어둠 속에서 남편이 다가온다. 표정을 보니 꽤나 걱정했던 모양이다. 내 핸드폰에 한국 유심칩 대신 독일 유심칩으로 갈아 끼웠다는 사실을 잊은 남편은 전화를 받지 않는 내가 몹시, 정말 몹시도 난감했던 모양이었다. 깊은 입맞춤은 아니었지만, 그보다 더 든든한 남편의 손을 꼭 잡고 나를 기다리는 사람들에게 가는 길은 따뜻했다. 독일인 영림관 랄프는 같이 저녁을 먹다가 돌연 기차역으로 달려간 남편이 무척 애처가라며 웃고, 나는 늦은 이유를 열심히 이야기하며 맥주 한 잔을 달게 비웠다. 랄프는 내게 차선책으로 택시를 타는 방법을 익혀두라는 조언을 남기며 떠났다. 숙소로 돌아와서 "내일은 스마트폰 충전기를 챙겨야겠어. 명줄이 줄어드는 줄 알았어."라는 푸념을 늘어놓자 "세라비c'est la vie., 첫날부터 찐 고생 했네." 하고 남편이 위로를 건넸다.

계획대로 되지 않는 것이 인생이기에 생생하고 쫄깃한 맛이 있는 거겠지! 놓친 기차는 다음 기차를 탈 수도 있고, 지나쳐 간 기차역은 되돌아올 수도 있다. 하지만 인생길은 돌아올 수 없는 원 웨이요, 외통수지만 그 길 위에는 무수히 많은 다른 길도 있다. 길이 없어 보여도, 길이 끝나는 곳에도, 잠시 돌아가더라도 가고자 하는 목적지가 있다면 안착할 수 있을 거라 믿는다. 내가 돌아온 길이 남편의 곁이어서 참 평화로운 밤이었다.

독일에서 만난 남자

루돌프 사슴 코도 저렇게 귀엽진 않을걸!

남편과 동행한 독일 출장길에서 코가 빨간 독일 할아버지를 만났다. 하욱Haug 할아버지는 국유림 영림서에서 퇴직하신, 나이로는 나에게는 아저씨뻘이겠지만 굳이 할아버지라고 부르고 싶은 분이었다. 말만 하면 다 들어줄 것 같은, 눈이 맑은 할아버지는 정도 많고 행동에 품격이 있었다. 그런데 놀랍게도 이 할아버지가 명사수라고 했다. 숲에 노루의 개체 수가 평균보다 늘어나면 사냥 허가증이 나오고, 그때마다 사냥한다는 할아버지는 날렵하고 정확한 사냥꾼이라고 했다. 길가에서 벌레에게조차 길을 양보할 것 같은 할아버지가 헌터라니?

쭉쭉 뻗은 소나무 숲을 보고 한껏 기분이 부푼 날 오후, 이른 저녁 무렵 긴 장대와 끈을 들고 할아버지가 나타났다. 가톨릭 신자인 우리 부부에게 꼭 보여 주고 싶은 것이 있다며 함박웃음을 짓는 것을 보니 엄청난 무엇인가가 있는 건 분명해 보였다.

몇 해 전 폭풍이 몰아친 날, 숲은 그야말로 난장판이 되었단다. 굵은 나무들마저 쓰러트린 잔인한 바람은 역사에 기록될 만큼 큰 상처를 주었다고 했다. 그때 당시 영림서 직원이었던 할아버지는 온갖 중장비를 동원하여 쓰러진 나무들을 옮기고 새로 길을 내던 중에 작은 집을 발견했다. 예사롭게 보이지 않아 기계를 사용하지 않고 조심스럽게 작업을 하는 중에 지붕은 날아가 없고 벽도 한쪽은 허물어지고 없는 아주 작은 기도하는 집이었다고 했다. '인생지사 새옹지마人生之事 塞翁之馬'라고 파괴된 숲의 슬픔 속에서 허물어져 있는 작은 예배당을 발견한 기쁨은 말할 수 없이 컸단다. 반쪽만 남아 있는 성당과 입구의 아치형 문을 발견하고 이곳을 파헤쳐 1500년대의 순례길을 발견하였단다. 쓰러져있던 커다란 돌에는 산티아고 데 콤포스텔라 SANTIAGO DE COMPO STELLA 1,821Km라고 새겨져 있고 금빛의 조개가 가야 할 길의 방향을 가리키고 있었다. 그렇게 복원된 순례길에 아름드리나무의 속을 파내고 쓸모없이 버려져 있던 종을 녹여 새로 종을 만들어 달아 놓았다. 역사란 큰 감동이다. 이 길을 지나갔던 수많은 순례자가 이 작은 경당에 들러 기도로 마음을 충전하고, 이 지방 사람들이 사랑으로 내어주는 구운 빵과

물을 마시며 다시 기운 내어 길을 떠났을 모습이 눈앞에 그려졌다. 사람의 향기가 피어올랐다. 피안의 세계인 듯, 평화롭기 그지없었다.

하욱 할아버지는 긴 장대를 이용해 종에 줄을 매달아 맑고 청아한 종소리를 들려주었고, 나에게도 종을 치는 기회를 주었다. 온몸으로 줄을 당기니 큰 고목의 몸통을 통해 울려 나오는 종소리가 가을 공기를 가르며 멀리멀리 퍼져나갔다. 어디에나 계시는 그분이 여기서도 나에게 감동을 주셨다. 길을 조금 걸어보고 와도 되겠느냐는 물음에 흔쾌히 시간을 허락해 주었다. 두 제자가 주님을 만난 후, 함께 걷던 엠마오로 가는 길도 이렇게 햇살이 쏟아져 내리고 있었을까? 주모경을 올리며 걸어가는 그 길에서 나는 혼자 걸었다고 생각했던 수많은 순간에 다른 이들의 기도로 채워졌던 작은 기적들을 떠올리니 울컥 가슴이 벅차올라 눈시울이 뜨거워졌다.

하욱 할아버지에게 초대를 받았다. 집에 들어서니 사냥꾼답게 박제된 노루와 사슴, 멧돼지와 산양이 거실 벽에 가득하다. 흘낏 보아도 백여 개가 넘어 보이는 장식품을 구경하다 보니 한쪽에 여섯 개의 가지가 있는, 합이 열두 개인 거대한 뿔이 보였다. 이것이 최상급의 뿔이라고 알려주었다. 머리 부분은 사냥꾼의 몫이고, 노루나 멧돼지의 고기를 제일 먼저 살 수 있는 권한도 사냥꾼에게 주어진다고 했다. 그렇게 구입한 노루고기 80%

에 멧돼지 고기 20%를 섞어 만두를 만들었다고 했다. 낮에 숲에서 따온 귀한 돌 버섯 수프도 맛깔나고, 야채샐러드에 독일식 감자샐러드와 함께 큰 만두를 맛있게 먹었다. 생각보다 냄새도 없고 담백한 만두 맛은 이 동네에선 꽤 유명하다고 한다. 와인을 권하는 할아버지께 나는 쉬납스를 마시겠다고 하니 의외라는 눈빛으로 작은 잔에 독주를 가득 따라주었다. 목구멍을 통해 위까지 짜르르한 길을 내며 독주가 넘어간다. 깔끔한 뒷맛에 연거푸 잔을 비웠다. 몇 잔의 독주에 마음이 편안해지면서 마당이 눈에 들어왔다. 한가운데 사과나무가 보였다. 지나다니다 보면 집집마다 마당에 사과나무가 꼭 있었다.

헤르만 헤세 소설 '수레바퀴 아래서'에 보면 한스의 집 마당에도 사과나무가 있었다. 가을이면 우리나라 김장 품앗이처럼 집집마다 돌아가며 사과를 따서 압착기로 짜는 장면이 나온다. 주인공 한스는 착즙기가 있는 이웃집 구두 수선공 아저씨 집에서 사과주스 만드는 일을 도와주다가 그 집에 잠시 와있던 파란 치마를 입은 에마의 매력에 빠진다. 치맛자락이라도 스쳐 가길, 손이라도 살짝 스쳐 가길, 머리카락이라도 볼에 스쳐 가길 바라며 눈을 못 떼는 사춘기 소년 한스는 당돌하게 들이대는 에마와의 입맞춤을 통해 열병을 앓는다. 잘 익은 사과 향과 함께 터질 것 같은, 두근거리는 가슴에 어지럼증을 느꼈다.

한스네 집에서 사과즙을 짜던 날, 에마가 말없이 떠났다는 말에 한스는 괴로워한다. 그녀는 그를 진정으로 대하지 않았다는 생각에 억누를 길 없는 고통과 좀처럼 식을 줄 모르는 사랑의 힘이 뒤얽혀 애달픈 번뇌로 가득한 한스는 뜰로 거리로 숲으로 헤매 다닌다. 한스는 스스로 이제는 아이 시절은 지나갔다고 생각하며 쓸쓸해 한다.

그 자전적 소설 속의 전통은 지금도 이어져 오고 있다. 10월 둘째 주 주말이면 동네 사람들이 자기 마당의 사과를 따서 마을 회관으로 모여든다. 다 같이 즙을 내어 주스도 만들고 술도 만들어 나눈다고 한다. 그렇게 만든 사과주스는 지하실에 보관하고 겨우내 마신다니 독일인들의 사과주스에 대한 사랑을 알 것 같다.

할아버지는 또 다른 술을 들고 나타났다. 헤이즐넛 향이 나는 독주와 사과주, 나는 사과주 한 모금을 들이켜며 헤세의 열병을 생각하다가 쿡 웃음이 났다. 이 맛있는 술이 할아버지의 빨간 코의 근원이었구나 싶었던 거다. 더 빨개진 코를 들이밀며 "한 잔 더!"를 외치는 할아버지는 술 마실 줄 아는 사람이 제일 좋다며 나를 향해 술병을 흔들었다. 깊어가는 밤, 감성적인 마음으로 이야기의 숲을 걷다 보니 많은 인생 이야기를 진중하게 들려주는 하욱 할아버지가 순례길의 작은 쉼터처럼 느껴졌다. 할아버지의 빨간 코는 마치 내가 가야 할 방향을 알려주는 금빛 조개 같았다. 내 인생의 순례길이 가서 닿을 '데 콤포스텔라'는 어디쯤에 있을까?

나를 위한 밥상

며칠째 계속되는 목의 통증과 기침이 예사롭지 않았다. 보통은 자연 치유력을 믿으며 약을 먹지 않는 나였지만 이번에는 조금 걱정이 되었다. 일단은 코로나 검사를 했다. 다행히도 음성이었다. 급기야는 병원을 방문하고 인후염이라는 진단을 받고 약을 먹기 시작했다. 조금도 좋아지지 않는 증상에 식구들의 잔소리가 시작되었다.

모두가 출근한 후의 한가로운 시간에 커피 대신 생강차를 마시며 메시지를 보냈다. '감기로 인해 오늘 모임은 결석입니다. 혹여나 전염될까 두려운 사랑의 마음으로.' 괜스레 울적하고 더 쓸쓸해지면서 배가 고팠다. 텅 비어있는 전기밥솥을 바라보다가 오늘은 나만을 위한 만찬을 계획했다. 내가 좋아하는 콩을 불려놓고, 쌀뜨물에 감자와 두부를 잔뜩 썰어 넣고 된장찌개를 끓였다. 압력솥에 안쳐놓은 밥이 익어가는 냄새는 엄마 냄새다. 김치를 조금 썰어놓은 후에 고기를 구웠다. 곱창김도 몇 장 준비하고 나무 수저를 꺼내 놓았다. 갓 지은 밥에 참기름을 살짝 찍은 한우구이를 올려 먹었다. "음, 좋은데. 좋아!"

딸들이 어릴 때, 새벽녘에 들려오는 기침 소리는 '안쓰러움'이었다. 유난히 약을 잘 삼키지 못하는 큰딸을 위해서 배꿀즙을 만들었었다. 배의 씨 부분을 파내고 그 자리를 꿀로 채워 중탕하면 즙이 꽤 많이 나왔다. 때로는 콩나물을 깨끗이 씻은 후 꿀에 재워 놓으면 두툼하던 줄기가 실처럼 가늘어지면서 배어 나온 즙도 목감기에 좋아 자주 만들어 먹였다. 갑자기 내가 어릴 때 엄마가 몰래 쥐여 주던 바나나 생각이 났다. 황도 복숭아 통조림도 어찌나 맛있던지! 아마도 아픈 사람의 특권이며, 특별히 받는 사랑이, 엄마를 독차지하는 기분이 꽤나 좋았던 모양이다.

암으로 고통 중에 있을 때도 좋은 것이 들어오면 우리에게 나누어 주던 엄마의 모습이 안타까웠다. "엄마! 나는 이런 거 자주 먹거든. 엄마 많이 드시고 건강해져야지." "엄마, 미안하긴 뭐가 미안해. '참 고맙다.' 한마디면 되지." "엄마, 아플 때는 이기적인 것도 좋아. 모든 걸 엄마 위주로, 엄마 좋은 쪽으로만 생각해." 하며 폭풍 잔소리를 해댔다. 살아온, 몸에 밴 습관은 쉬 바뀌지 않는 것인지, 늘 내리사랑을 실천하는 엄마를 보면서 "엄마, 나는 나 하고 싶은 거 다 하면서 살 거야." 하면 "그래라. 누가 말리니? 그렇게 살아야지." 하며 웃으셨다.

병을 잘 극복하신 엄마는 조금 달라지셨다. "엄마, 친구들이랑 갔었는데 그 집 정말 맛있더라. 같이 가자." 하면 괜한 돈 쓰지 말라며 집에서 먹자던 엄마가 "그래 좋아!" 하시며 아파트 현관에 나와서 기다리셨다. 그렇게 콧바람 쐬며 다니던 그 길들이 참 행복이었다. 그렇게 차를 타고 달리던 길에서 우리는 더 많은 이야기를 나누면서 더 오래 서로를 바라볼 수 있었다.

나에게 오춘기라는 심한 갱년기가 왔을 때 나는 정말 나에게 잘했나? 나 하고 싶은 일들을 하며 살았나? 깊이 생각하는 시간을 갖게 되었다. 모든 일이 다 억울하고 나에게 쥐어진 결과물이 없다는 생각이 들 때마다 나는 독립적인 나를 생각했다. 나의 교집합인 남편과 아이들과 친척과 친구들이 나라고 생각한 것은 아닌지? 생각해 봤다. 집합이란, 명제가 참과 거짓으로 명확하게 구별되어야 한다. 그렇기도 하고 아니기도 한다면 그것은 집합이 될 수 없다. 인생은 수학이 아니라서 100% 참 '나'라는 것을 논하기가 힘들었다. 태어날 때부터 나는 관계 속에 있었기 때문이다. 나는 '나'라는 명제를 확장하기로 했다. 나는 나지만 너이기도 해. 나는 나이지만 내가 아닐 때도 있어. 내가 나일 때만 행복한 것은 아니야. 너일 때 더 행복하기도 했지.

나만을 위해 차려진 밥을 먹으며 나는 엄마 밥도 생각하고 남편 밥도 생각하고, 아이들이 차려 주던 생일상도 생각하며 먼 여행을 다녀온 기분이었다. 그저 작은 시간을 투자해 준비한 밥상이었지만 "아프면 어때. 곧 지나가겠지." 하며 나를 달랬다.

지금 나의 모습은 나 혼자 만든 것은 아니다. 나의 노력에 가족과 지인들의 사랑이 켜켜이 쌓여 다듬어진 모습인 거다.

"엄마, 나 지금 퇴근한다. 먹고 싶은 거 있어?"

"자기야, 따뜻한 물 좀 주라."

"자기야, 한라봉!"

"정연아!"

"수연아!"

한껏 아픔을 과시하며 이것저것 해달라고 응석을 부려본다. 나는 나지만, 나는 우리야! 하고 으스대 본다.

아기들은 한번 아프고 나면 꾀가 늘고 쑥쑥 자란다는데 이 나이에도 그럴까? 그런 것 같다. 다른 점이라면 더하는 것이 아니라 버리고 내려놓는다는 것이다. 병과 대치하면서 싸우기보다 조심하지 않고 살았던 부분을 챙겨보게 된다. 욕심을 조금 덜어내고, 일의 우선순위와 지나침을 경계하면서 주위 사람들의 사랑도 느끼게 됐다. 그중 백미는 내가 나를 사랑하고 토닥여 주는 위로가 최고인 것 같다. 꾀가 아니라 지혜가 생겼나 보다. 김이 모락모락 피어오르는 밥상을 끌어안고 보약 먹듯 정성껏 먹은 밥상이 힘이 되었다. 마음속엔 여러 마음이 있고, 여러 모습의 내가 있지만 역시 내 마음의 교집합이 커지는 스스로의 위로가 최고의 밥상이었다.

소꿉놀이하고 싶은 나이

제주의 새벽, 어둠은 진했다. 이런 어둠은 대책이 없다. 가만히 앉아 어둠과 친해지려 시간을 같이 보냈다. 밤의 현란한 조명이 꺼지고 등대를 지키는 불빛만 남은 시간, 점멸하며 위치를 알리는 깜빡임이 살아있다면 이곳으로 오라고 최면을 거는 것 같았다. 어둠의 무게를 털어버리며 마른 장작에 불씨가 타오르듯 동쪽 하늘이 요란했다. 그 길을 따라 빛이 넘어오는 듯하더니, 마법처럼 한순간에 온 세상이 밝아졌다. 어둠에서도 그랬듯이 밝음에서도 내 발걸음은 서성거렸다. 늘 걷던 이 길만 길인가? 다른 길은 어떨까? 저쪽엔 뭐가 있을까? 나는 옳은 길을 걷고 있는 걸까?

학창 시절 좋아했던 시가 떠올랐다.

(…)

그날 아침 두 길은 똑같이 놓여 있었고
낙엽 위로는 아무런 발자국도 없었습니다
아, 나는 한쪽 길은 훗날을 위해 남겨 놓았습니다!
길이란 이어져 있어 계속 가야만 한다는 걸 알기에
다시 돌아올 수 없는 거라 여기면서

(…)

로버트 프로스트의 「가지 않은 길」 중에서

신나게 달리던 길에서도 낙엽은 지고 눈이 덮이고 가시밭길 같던 길가에도 꽃은 피었다. 그 길 위에서 의미를 찾고, 필요를 찾고, 밝은 혜안을 찾는 것이 인생이었다.

새벽의 협재 해수욕장을 걷다 보니, 마치 다른 행성에 있는 듯했다. 이렇게 일상이 달리 보이는 이유는 아마도 오늘이 제주의 마지막 날, 2022년의 끝자락을 즐기러 온 가족 여행의 마지막 날이기 때문일 거다. 똑같아 보여도 세월 따라, 우주 궤도에 따라 쪼금씩 조금씩 달라지는 자연처럼 나도 그날그날에 따라 사랑이 왔다 갔다 한다. 시간의 연장선상 위에서 오늘이 특별한 이유는 쉽게 찾을 수 있다. 그중 제일 큰 이유는 데드라인이 아닐까 싶다. 잔인하게 목을 졸라오는 마감일이 없다면 인생의 새로운 시작도 없을 것이다. 학창 시절 시도 때도 없이 목을 조르던 시험, 시험들. 그 문턱을 넘어 어른인 듯 대학생이 되고 만년 소비자가 직장인이 되고 사랑의 시작인 듯, 끝인 듯 결혼을 하고 예정일이라는 라인을 넘어 엄마가 되고, 그렇게 수없이 끝과 시작을 넘나들며 오늘 여기에 서 있다. 그리고 며칠 후면 인생의 특별한 날, 2023년이 될 것이다.

또 다른 이유는 달력이다. 날짜의 개념이 없던 먼 옛날 사람들은 무엇을 기준으로 나이가 많아짐을 알았을까? 하늘의 주기를 기억하며? 자연의 변화를 기억하며? 아니면 배우자의 흰머리 카락을 발견하고? 물 위에 비친 슬픈 듯 내려앉은 눈꺼풀의 나를 닮은 내 모습을 발견하고? 짧지 않은 역사지만 달력은 현대인들만이 느끼는 조급증으로 인한, 빠른 판단을 위한, 넓어지는 사회 망을 관리하기 위한 장치인 것 같다.

긴 시간을 구분 지어 나누는 건 나에게는 기회를 의미한다. 게으름이나 익숙함에 생기를 잃을 즈음이면 새로 고침을 하듯이 다시 시작하는 시작점이 필요하다. 다른 방법으로 인생을 즐기기! 그 시작을 2023년 남편의 생일로 시작을 했다. 새해가 되고 일주일밖에 지나지 않았지만 새해 계획을 시작하는 이 시점은 많은 에너지를 쏟아부어야 한다. 그래서 편안하고 길게 즐거움을 느끼기 위해 시간을 조정했다. 느긋한 토요일 와인과 함께 스테이크를 먹으며 생일을 기억하고 영화관 대신 집에서 넷플릭스 채널로 영화를 봤다. 늦잠을 잔 일요일에는 기름 냄새가 나야 잔칫집 같다는 남편이 좋아하는 동태전을, 큰딸이 좋아하는 애호박전을 부쳤다. 막걸리의 목 넘김은 부드러웠고 웃음소리는 커졌다. 월요일 저녁에는 제주도에서 공수해 온 놈삐국에 제주 톳으로 밥을 지어 양념장을 곁들여 먹었다. 놈삐국은 소고기뭇국에 메밀가루를 넣어 끓인 음식으로 수프 같은 걸쭉함이 있으면서 담백하고 영양가가 많아 제주에서는 건강식으로 많이 먹는 음식이라고 했다. 그 맛에 반하여 한 아름 사 들고 왔었다. 화요일 생일 당일은 역시 빠질 수 없는 미역국에 하얀 쌀밥을 먹었다. 그리곤 남편에게 톡을 남겼다. '생일 축하합니다. 오늘 점심은 자기가 좋아하는 피자를 쏘겠습니다. 12시에 만나요.' 둘만이 마주 앉아 식사를 하는 것은 참 오랜만이다. 애교가 없는 것은 서로 마찬가지라 눈웃음치며 이야기하는 일은 없지만, 눈에서 꿀 떨어지는 바라봄은 있다고 서로 믿고 산다.

나이가 들어간다는 건, 모든 기능이 느려진다는, 약해진다는 것을 포함한다. 나는 더 이상 하루에 몇 가지 일들을 해결하는 슈퍼우먼이 아니라는 것을 인정한다. 십여 가지의 음식을 뚝딱 차려내 보란 듯이 뽐을 내고, 한방에 끝을 보는 대신에 맛있는 음식 두세 가지로 나흘간, 네 배 길게 생일상을 차려주니 내 몸도 곤하지 않고 추억도 길어져서 재미있었다.

이제는 자유로울 수 있는 나이가 됐다. 남의 시선으로 만들어진 것을 걷어내고, 타인의 칭찬을 갈구하지 않고 내 몸에 내 생각에 어울리는 '소꿉놀이'를 하고 싶다. 모든 것이 가능한 젊음이라고 생각했지만 자유로울 수 없었던 잣대에서 이제는 모든 것이 가능하지만은 않은 노년으로 가는 길이지만 수많은 잣대로부터 자유로울 수 있는 기쁨을 만끽할 수 있을 것 같다.

고대 그리스에는 일반적인 시간인 크로노스와 카이로스라는 시간을 의미하는 단어가 있었다고 한다. 카이로스는 '적절한 때', '무르익은 기회'를 의미한다고 한다. 지금은 젊은이들을 따라 하며 애매하게 늙어갈 때가 아니고, 나이 드는 것을 받아들이는 방법을 생각할 때이다. 노년을 암울하게 표현했던 실존주의자 시몬 드 보부아르도 노년의 장점을 이렇게 이야기했다. '줄 것이 많아지고 잃을 것이 더 적어진다.'고.

느긋하게, 하지만 뜨거운 마음으로 줄 것들을 챙겨 보아야겠다.

난 바람이 좋다

바람은 늘 우리 곁에 있다. 그래서일까? 우리네 인생처럼 이름도 많다. 봄바람, 산들바람, 하늬바람, 산바람, 솔바람, 소슬바람, 회오리바람, 칼바람, 높새바람…. 방향에 따라, 세기에 따라 이름을 갖고 있고 많은 기능을 하고 있다. 계절마다 다르게 다가오는 바람을 맞으며 시의적절하게 자연은 성장한다. 모양도, 냄새도, 형체도 없고, 시작도 끝도 알 수 없는 바람. 그래서 바람은 지극히 개인적 감성을 품는 것 같다.

난 특히 겨울을 좋아한다. 더위를 몰아내는 가을바람을 지나 살갗에 소름을 돋게 하는 쨍한 바람을 만나면 정신이 번쩍 드는 느낌이 좋다. 살얼음 낀 동치미 국물을 맘껏 마신 것 같은 속 시원함이 좋다.

코트 자락이 날리고 머플러가 휘날리는 날, 사정없이 머리카락이 얼굴을 때리는 날에도 바람과 마주 걸으면 바람이 날라다 주는 소리와 냄새가 싫지 않다.

얼굴이 굳어지고 벌겋게 얼어갈 즈음 찻집 문을 열고 들어서면 굳었던 몸이 노곤하게 풀리고 손에 든 찻잔이 세상 제일 따뜻하다. 그렇게 두꺼운 창을 사이에 두고 바람을 구경한다. 심술 난 듯 나뭇잎들을 헤집어놓고 누군가의 아름답지 않은 뒷모습 같은 쓰레기들도 날려버린다. 오가는 행인들도 모두 날려버릴 기세로 불어대는 바람이 사람들을 집으로 거둬들인다. 모든 문을 꽁꽁 잠가 버린 집 앞에서도 바람은 서성이며 소리를 지른다. 씽, 덜그럭. 바사삭, 와장창, 덜컹덜컹….

내가 만난 바람 중에 가장 셌던 바람은 제주 바람이었다. 남편과 올랐던 따라비 오름에서 최고의 바람을 만났다. 오르는 길에는 작은 나무들이, 산등성이 바람을 막아주어 몰랐다. 탁 트인 정상에 발을 딛는 순간 밀어닥친 바람에 나는 쓰러질 듯 휘청거렸다. 정상은 늘 아찔하다. 하늘 아래 첫 자리에 서 있는 느낌은 황홀함과 함께 고독이 찾아오고 오래 머물기 힘든 고난이 찾아온다. 혼자서는 대들 수 없는 위력에 남편과 한 몸처럼 끌어안고 상체를 웅크린 채로 걸었다. 자연 앞에서의 겸손은 시련 앞에서도 마찬가지다. 엄마가 하늘로 떠났을 때도 남편은 웅크린, 더 작게 웅크린 나를 안고 슬픔에서 걸어 나올 수 있도록 삶의 바람막이가 되어 주었었다. 인생은 더불어 살 수 있으니 참 좋다. 서로가 서로를 지탱해 주는 사람 인人 자처럼. 눈을 뜨기도 힘든 바람의 힘에 나무 뒤에 숨어 경관을 감상했다. 서너 개의 작은 굼부리가 한 오름 안에 들어있다. 각기 다른 나물 반찬을 품고 옹기종기 모여 있는 듯한 모습이 정답다. 그 특이한 모습 뒤로 갑마장 가는 길이 어렴풋이 보인다. 조선 시대에 서울로 올라가는 최고의 말들을 키우는 곳이었다. 역시, 그래서 바람 속에 말똥 냄새가 있었다. 미친 듯 날리는 억새도 장관이었다. 축구장 관중석의 응원단의 두 팔처럼 쉴 사이 없이 주먹질을 하며 함성을 지르는 듯했다. 이 강한 바람에도 억새는 절대로 꺾이지 않았다. 잠시 몸을 눕혔다간 바람이 쉬는 사이 몸을 세운다. 문득 행인의 옷 벗기기 내기를 하는 바람과 해님의 이야기가 생각났다. 바람이 저리 심술을 부리니 지고 싶지 않았구나. 억새도 꺾이지 않듯 사람도 자신을 보듬고 서로 안아주며 더 꽁꽁 싸매고 한발 한발 나아가고 있으니 절대 질 수 없었을 거다. 남편의 몸무게에 내 몸무게를 실어 오름 반대편까지 걸어가며 온몸의 찌꺼기를 날려버리고 나니, 정신이 혼미할 만큼 체력이 떨어졌다. 접영으로 수영장을 두어 바퀴 돌고 올라온 기분이었다. 나무 아래 마련된 벤치에 앉아 오름을 내려다보며 잠시 숨을 골랐다. 깊숙이 팬 오름에는 큰바람의 흔적이 없다. 싱잉볼 같은 분화구에는 살랑살랑 작은 바람들이 오가며 노래 부르는 듯, 합창을 하는 듯 소리가 겹쳐가며 흐른다. 바람은 어디로, 어디로 끝없이 가고 있는 걸까? 내 삶은 어디쯤 걸어가고 있는 걸까? 어디를 향해 걸어가고 있는 걸까? 문득 주위를 둘러본다.

오름을 등지고 내려오는 길엔 햇살만이 가득했다. 온몸의 긴장이 풀리니 잔잔한 바람에 말똥 냄새는 더 진했다. 머플러를 풀면서 또 생각했다. 해님이 이길 수밖에 없었다. 사람을 강제로, 억압으로 변화시킬 수는 없는 거다. 마음이 따뜻해지면, 생각이 말랑말랑해지면 스스로 변화하며 진화하는 게 자연의 순리인 것 같다. 나는 바람일까? 햇살일까? 무엇이 됐든 심술 없는, 계산 없는 사람이고 싶다. 넘치면 나누어 주고 모자라면 모자란 대로 만족할 줄 아는 바람이며 햇살이고 싶다. 바람은 햇살의 뜨거움을 식혀주고, 햇살은 바람의 냉기를 덥혀준다. 그렇게 서로 도와주는 삶이라면 좋겠다. '진정으로 위대한 생각은 걷기에서 나온다.'는 니체의 말처럼 걸으면서 만나는 바람이, 햇살이, 모든 것들이 나에게 말을 걸며 생각에 빠지게 한다.

바다에서 만난 바람은 파도를 만들며 하얗게 부서졌다. 물결을 휘돌아 감는 바람 속에 흰둥이 한 마리가 인적 없는 해변에서 짧은 털을 날리며 어슬렁어슬렁 걷는 모습이 수도승 같다.

해그림자가 짧아지면서 비바람이 거세진다는 안전 문자가 떴다. 일찍 돌아온 숙소에서도 바람은 밤새 내 곁에 있었다. 야자수 큰 잎을 흔들어대며 무서운 그림자들을 만들고 있었다. 무슨 할 말이 이리도 많은 것인지?

바람이 바람을 밀어내며 소란스럽게, 그렇게 봄바람을 만들고 있으리라. 내 마음속에서는 바람과 바람(소망)이 만나며 겨울과 작별할 준비를 한다.

허용되는 사이

신문에서 재미있는 기사를 접했다. 요즘은 한국의 미술 시장이 급격히 커지고 있다는 이야기와 함께 전통적으로 중국과 한국의 그림은 풍수가 갖는 의미가 크다는 것이다. 기운생동氣韻生動이 풍수의 핵심이라는 이야기였다.

기구氣口란 말은 쉽게 생각하면 우리가 매일 하는 숨쉬기다. 기를 들여오는 입구 역할로 몸에 나쁜 것은 내보내고 새로운, 깨끗한 것을 받아들이는 행위이다. 매 순간 내 몸을 스스로 정화하며 살고 있다고 생각하면 내가 정말 위대한 창조물이라는 느낌에 뿌듯해지기도 한다. 그러면서 주님이 태초에 불어 넣어 주신 숨과 직통으로 연결된 사람이라는 생각에 자존감이 하늘을 뚫을 듯 솟아오르기도 한다. 하지만 인간은 어느 단계에 머물러 있지 않다. 머물러 있다면 곧 썩는다는 것이고, 그것은 죽음을 의미한다. 숨은 파동이고 움직임이라 오르고 내리며 이어지듯이 어느 상태를 유지한다는 것은 큰 에너지가 필요하다.

사람마다 참을 수 있는 숨의 시간은 각기 달라, 숨 짧은 나는 1분 30초를 넘기기도 힘에 겹다. 숨이 길든, 짧든 이 세상 모든 살아있는 존재는 자신의 방법으로 숨을 쉬며 살아간다.

내가 세상에 나올 때, 엄마와 분리되는 그 순간에, 이 넓은 세상에서 혼자 살아가기 위해서 목 놓아 울며 큰 숨을 토해냈고, 그 작은 엄마의 가슴에서 우주를 보며 성장했다. 초등학생이 중학생이 되고, 고등학생이 대학생이 되듯이 사회가 마련해 놓은 틀을 따라 살면 그저 자연스레 어른이 되는 줄 알았다. 더하고 빼고 곱하고 나누던 어린 시절을 지나 미분도 하고 적분도 할 줄 알면 어른이 되는 줄 알았지만, 아니었다.

어린이든 어른이든 시시각각 달려오는 삶 안에서 울음으로 쏟아내는 숨이든, 웃음으로 커지는 숨이든 그 숨들을 통해 영글어 왔다는 생각이 들었다.

오늘 지인으로부터 추사 김정희의 세한도에 관한 글을 받았다. 나는 건축도, 풍수도 잘 모르지만, 김정희가 무슨 일에 연루되어 제주도로 유배되어 갔는지도 기억나지 않지만, 지금도 삭막한 그 제주도 서귀포시 대정읍 한 귀퉁이에서 탱자나무 가시에 갇혀 살면서도 원형 창을 내고 심지 곧은 소나무, 전나무와 함께 절제된 생활을 하였다는 건 안다. '내가 곤경을 받기 전에 더 잘 대해 주지도 않았고 곤경에 처한 후에 더 소홀히 대해 주지도 않았다.'는 제자 이상적은 북경에서 귀한 서적들을 구하여 김정희에게 전해 주었다. 그 감사의 선물로 전해진 '세한도'는 이상적의 사람됨을 새기며 슬며시 감사의 악수를 하듯 새순들을 그려 넣었다는 생각을 했다. 이 새순이 그림의 기구가 되었고 이 그림을 알아본 사람들의 안목으로, 그림 옆으로 이어지는 사람들의 글이 있었기에 세한도가 더 유명해질 수 있었다. 지금으로 치면 SNS에 댓글을 달 듯 이어지는 글들이 문인화의 격을 한층 높여 주었다. 한 장의 그림이 사람의 마음을 건드리며 세상에 스며드는 것이다.

세한도에 관한 글을 쓰신 분은 새로운 분야의 프레쉬맨Freshman이 되면서 새로운 기구를 만들었다고 글을 마무리하였다. Fresh, 신선하다가 주는 여운이 꽤 길었다. 올해의 나의 기구는 무엇일까? 해마다 하고 싶은 일과, 해야 하는 일과, 좋아하는 일을 나열하면서 인생의 문들을 만들어 놓는다. 그중 하나의 문을 열고, 나는 글쓰기를 하고 있다. 불규칙하던 숨을 고르며 글을 쓰고 문우들의 글을 읽으며 다른 결의 숨도 쉬어본다.

기구는 많다. 그중에서 최고의 기구는 소통이다. 막히지 아니하여 잘 통하고, 뜻이 서로 통하여 오해가 없는 상태이다. 이해받고 이해하며 오가는 정은 매일을 살아내는 사람들에게 꼭 필요한 기쁨이며 에너지다.

(…)
때로는 마음에 들지 않는 것들도 허용되는 사이
그렇듯 세계가 느슨하게 구성되어 있는 것은 왜일까?
(…)
나도 어느 때
누군가를 위한 곤충이었겠지
당신도 어느 때
나를 위한 바람이었겠지

요시노 히로시의 「생명은」 중에서

생명은 기구를 통해, 소통을 통해 꽃을 피우는 것 같다. 인간은 절대로 혼자 살 수 없는 존재이기에 말이다. 세한도의 집을 본떠 지은 추사 기념관의 둥근 창 아래에는 판전板殿*이라는 멋진 글씨가 전시되어 있다. 부처님의 말씀을 마음에 담고 둥근 원처럼 세상에 모나지 않게 어우르며 살라는 뜻일까? 생각하며 한참을 앉아 있던 기억이 있다. 나도 너도 생명을 이어가게 하는 매개체가 된다. 무엇이든 열매를 맺을 때 자가 복제가 아닌 나와 타자가 필요한 것은 나라는 한계를 넘어 그 뒤엣것을 보라는 하느님의 배려가 아니었을까?

* 판전 : 서울 봉은사에 있는 추사의 글씨, 불교경판을 보존하기 위해 지어진 건물이다.

이원환

글쓰기의 출발점에 서 있습니다.

온전하고 간결한 글이 써질 때까지 한 점 한 점 나아가겠습니다.

수필쓰기가 나와 사회를 깊이 이해하는 길잡이가 되고,

사랑과 영감으로 살아내는 발판이 되기를 기대합니다.

이원환

국민대학교 경영대학원 MBA

현대차 그룹 임원, 인지 / 평화그룹 CEO 역임

2022년 〈창작수필〉 등단.

현재, (주)앤이에스 / 대표이사

창작수필문인회, (사)한국산림문학회 회원으로 활동 중.

aje8361@naver.com

점과 점선

'겸손한 자신감으로'라는 화두는 삼십여 년 마음에 담고 지내온 나의 생활 철학이요 지침이다, 그러나 자주 엇박자를 내고 반성하는 생활을 이어 오고 있다. 넓고 맑은 마음으로 사회에서는 너그럽게 소통하되, 내적으로는 호기심을 잃지 않고 상상력을 발휘하며 살자는 다짐이었다.

어느 시인은 '시가 내게로 왔다'고 했는데, 점과 점선이 어느 날 내게로 다가왔다. 점은 간결한 시작이자 끝을 나타내는 단호한 존재감을 품고 있고, 점선은 상상력과 관용의 단초를 나에게 알려 준 까닭이다. 오랫동안 설계 일을 했던 경험으로, 예측하고 상상하는 일이 체질화되어 있어서 늘 점선에 주목하며 지냈다. 제각각 떨어져 있는 점들이 연대하면, 일상 속에서 상상력과 관용의 의미를 만들어 낼 수 있기 때문이었다.

떨어져 있는 점들이 연속되면 점선이 된다. 설계도에서 점선으로 표기하는 것은 외부에서 보이지 않는 가려진 사물의 형상이라는 공인된 표현법이다. 이를테면 문이 닫혀있는 옷장 내부에 서랍이나 칸막이가 어떠한 간격으로 몇 개나 있고, 옷걸이는 어떻게 걸려 있는지를 모두 점선으로 표시하게 된다. 그러므로 점선은 허상이 아닌 숨은 실체에 대한 상상력을 유발한다. 점은 단순하지만 만물의 시작처럼 한 점 한 점 정겹게 이어지면 선이 되고, 선이 모이면 무한하게 다양한 형상을 이루게 된다.

세상 만물은 모두가 점이다. 사람도 비행기에서 내려다보면 한낱 점처럼 보이고, 아무리 큰 물체도 멀리 떨어져서 보면 모두가 원 모양의 점으로 바뀐다. 태양계 탐사선이 토성 부근에서 촬영한 지구의 모습도 광대한 공간에서 한낱 '창백한 푸른 점Pale blue dot' 하나에 불과하니 놀랍지 아니한가! 태양은 눈부시게 밝은 점이고 수많은 별도 반짝이는 푸른 점이다. 만물이 살아가는 거대한 지구가 암흑 속에 떠다니는 외로운 푸른 점 하나에 불과하다니, 저 작은 점 안에 내가 살고 있고 인류의 역사가 흐르고 있다니 놀라울 뿐이다. 나는 먼지나 티끌보다도 미소한 한 점처럼 존재가 보잘것없는 데도 생각과 상상력의 크기는 가히 우주와 같다고 으스대고 살았으니 어림도 없다는 생각이 든다.

아무리 작은 점도 크게 확대해 보면 수많은 점으로 이루어져 있다. 글씨나 사진, 텔레비전의 영상도 화소라는 엄청나게 많은 점의 조합이다. 어느 날 새카만 먼지처럼 작은 점 같은 채송화 씨앗에 관심을 가졌다. 하도 작아서 손으로 잡기조차 힘들었다. 어떻게 생겼을까 궁금증이 생겨서 몇 알을 전자현미경으로 확대해 보고는 소스라치게 놀랐다. 영락없는 5~6개월 태아의 웅크린 형태였고, 껍질은 내부의 생명을 보호하듯 거북선의 등처럼 검붉은색 찬란한 철갑 위에 날카로운 돌기들이 창처럼 돋아있는 모습이었다. 채송화 씨앗 관찰을 계기로 미소한 세계의 신비로움에 대한 탐구욕과 상상의 마음 문이 열렸다. '지식보다 상상력이 더 중요하다'는 말을 늘 마음에 담고 점과 점선을 더 많이 살펴보게 되었다. 표범, 무당벌레, 송어, 점박이 옷, 우표, 도로의 차선, 점묘법으로 그림을 그리는 조라주 쇠라의 작품들, 20세기 한국 미술사에 추상이라는 새로운 장을 연 김환기의 회고전 '한 점 하늘'에서 예술과 삶과 세상을 하늘로 표현하고, 하늘은 다시 하나의 점으로 수렴되고 있음을 엿볼 수 있었다.

점이 홀로 있으면 시공간 속에 정지되어 있지만, 점들이 떨어져 이어지면 점선이 되고 붙어서 이어지면 실선이 되는데, 난 떨어져 이어지는 점선을 좋아한다. 점선의 여백을 좋아한다. 실선은 완전히 붙어 있어서 숨 쉴 틈이 없지만, 점선은 떨어져 있어도 결코 떨어져 있지 않고 서로 연대하기 때문이다. 때로는 우표처럼 점을 따라 찢어내면 각각이 독립체가 되도록 도와준다. 점과 점을 이어가면 그림이 되고 점선은 상상력을 불러일으킨다. 일곱 개의 별들이 모여서 북두칠성이 되는가 하면, 사자자리, 물고기자리, 독수리자리, 거문고자리가 되고, 하늘에서 소를 치는 견우성과 베를 짜는 직녀성이 칠월 칠석날 단 하루 애틋한 오작교 만남의 설화를 만들어 내기도 한다.

인간人間이란 사람과 사람의 사이間라는 의미이다. 점선처럼 적당한 거리를 유지하며 타인과 더불어 잘 어우러져야 좋은 사이이다. 점선은 여백의 미가 있어서 바람도 잘 통하고 상대방의 접근을 너그러이 허용한다. 사람 관계가 늘 실선처럼 손을 잡고 있어야 하는 것은 아니다. 때로 손을 놓고 각자의 삶을 갈 수 있어야 서로 독립적이고 성숙한 존재가 된다.

되돌아보면, 오랜 기간 조직 생활의 틀 속에서 실선과 같이 변함없는 원칙을 지키고 또 강조하며 살아왔다. 하늘의 뜻을 안다는 지천명知天命의 점을 거쳐, 듣는 대로 이해한다는 이순耳順의 점도 한참이나 지나왔다. 이제 마음 가는 대로 행동해도 법도를 넘어서거나 어긋남이 없어야 하는 종심從心의 점에 이르렀는데도, 아직도 내 틀에 맞지 않으면 버럭 하는 일들이 적지 않다.

'상상력과 관용'의 덕목은 늘 부족함을 느낀다. 점과 점선에서 깨우친 지혜로, 세대를 초월하여 응답할 수 있는 품 넓은 톨레랑스의 중년이 될 수 있기를 소망해 본다. 점선과 실선을 넘나들며 지나온 나의 인생 여로에서 마지막에 나는 무엇을 가져가고 무엇을 남길 수 있을까? 세대와 세대를 이어 가는 한점으로서 부끄럽지 않은 삶이 되기를 바랄 뿐이다.

단풍나무 그늘 아래서

우리 집 앞마당 가장자리에 커다란 청단풍나무 한 그루가 살고 있다. 넓고 둥그스름한 자태는 하얀 건물에 잘 어울리고, 2층 높이보다도 키가 컸다. 수령은 칠십 가까이 되었지만 몸통은 굵고 단단해서 전봇대처럼 튼튼했다. 마당 한편에서 스스로 잘 살아가니 마음을 쓸 이유가 없었는데 어느 날부터 병이 들어, 가지마다 검은 버섯이 솟아나고 껍질이 벗겨지더니 잎마저 시들어갔다. 그렇게 병들어 죽어 간 큰 가지들이 하나둘씩 잘려나가고, 몸통과 가까운 몇 가지만 앙상하게 남았는데, 이윽고 몸통도 검은 버섯이 창궐하고 피부가 벗겨지면서 죽음이 엄습하고 있었다. 시체를 뜯어먹는 새들처럼 남은 가지와 시들어 가는 잎 속에서 회색 선녀벌레들이 몰려들어, 마지막 남은 진액을 뽑아 먹으며 최후의 만찬을 벌이는 듯했다.

뒤늦게 심각한 병세를 알아차리고 조경 기술자와 나무 의사에게 방제 치료를 의뢰했으나, 이미 병이 너무 깊어 살릴 수 없으니 베어내고 새로 심는 것이 상책이라는 공통된 의견이었다. 인터넷을 뒤지고 다양한 방책을 찾아 나섰지만, 회생 방안을 찾기가 어려워 안타까움만 더했다. 뒤이어 임업 전문가를 초빙해 보였더니, 죽어 가는 부위에 바셀린을 발라서 병세가 번지지 않도록 해보라는 조언을 받고, 그대로 시술했지만 회생의 기미가 없었다. 말 없는 단풍나무의 강건함만 믿고, 병충해와 힘겨운 사투를 벌이고 있던 고통을 알아차리지 못한 나의 소홀함을 자책했지만 이미 때를 놓친 것이다.

25년 전 철거를 앞둔 친척 집 마당에서 마흔 살 중반의 젊고 싱싱한 단풍나무를 옮겨와 장인과 함께 정성 들여 심었었다. 여름에는 청록의 풍성한 자태와 그늘이 고맙고, 가을이면 온 마당 가득한 새빨간 단풍이 감탄스러웠으며, 겨울엔 촘촘한 가지마다 하얗게 쌓인 눈꽃이 추억의 창문을 열어젖히고 싶을 만큼 아름다웠다. 게다가 마당 한편을 가득 덮고 있는 커다란 지붕 그늘은 온 가족 친지들이 나무 아래 모여서 웃음꽃 잔치를 벌일 수 있는 쉼터였다. 이제 썩어 가는 등걸 몇 가지만 남아 마지막

가쁜 숨을 몰아쉬고 있으니, 되돌릴 수 없는 건강한 그 시절 그 모습이 그립고 애달팠다.

수많은 병고를 겪으며 치열하게 살아왔던 나의 삶에서 만난 동년배의 단풍나무를 반려자처럼 대하기로 마음먹고 나니 왈칵 연민의 정이 생기고, 캄캄한 밤이 되면 끙끙 나무 앓는 소리가 들려왔다. 아끼던 나무 벗이 아프니 나도 덩달아 아팠다. 내 유년 시절에 지독한 피부병으로 겪었던 수년간의 과정을 떠올리며, 단풍나무를 내 몸과 팔 다리로 여기고 치료 방법을 강구했다. 전문가들의 권유대로 베어내고 나서 후회를 남기지 않도록, 나만의 방법으로 정성을 다해보기로 작정했다. 회생을 위해 생태 환경을 되찾고 자연 치유 능력을 회복해야 했다.

외관은 크고 우람하지만 영양 부족으로 몸이 허약해진 것이 병의 원인이라 생각했다. 우선은 뿌리내리고 있는 터가 큰 나무가 살 만한 적절한 환경인지 자세히 살폈다. 흙이 메마르고 찰기가 없었다. 뿌리가 건강하게 뻗어 내리지 못하면 잎도 가지도 살아갈 수가 없다. 먼저 물과 영양을 잘 공급받을 수 있도록 지표면적을 넓혀 주었다. 영양 수액 대신 양조장에서 구입한 막걸리를 물에 희석하여, 뿌리가 쉬 마실 수 있도록 땅속 구석구석 깊이 주입해 주고 원기 회복해 주기를 간절하게 바랬다.

그리고, 가지마다 피어난 검은 버섯을 떼어내고, 화상 환자의 피부를 드레싱 하듯이 병든 표면을 긁어내고 붉은 자연 황토로 피부 재생을 시도하기로 했다. 질 좋은 나주 황토를 주문 구매하여 찰지게 반죽하여, 상처가 난 피부에 곱게 미장하듯 덮어 바르고, 두꺼운 붕대로 동여매고 고무 밴드로 고정했다. 날씨가 뜨거워지면 발라 둔 황토가 갈라져 떨어지지 않도록 물을 뿌려주고, 비가 오면 황토가 씻겨 내리지 않도록 비닐을 씌워 방수도 했다. 내가 나무 의사도 되고 간호사가 되어 진심으로 보살폈다. 물속 녹조 제거나 양식장 물고기의 피부병 치료에 사용하는 생태 복원 재료로 붉은 황토를 사용한다는 사실을 떠올린 나만의 처방이라 결과를 예측할 수는 없었다.

그렇게 나무와 내가 한마음이 되어 서로 호흡을 맞추어 치료를 시작한 지 열흘이 채 지나지 않았는데, 시들어 가는 잎들이 생기를 되찾기 시작했다. 가지 중간중간에 작은 새순들이 뾰족이 올라오는 것을 발견했다. 경이롭고 감격스러워 와 소리가 절로 나왔다. 뿌리와 가지와 잎들이 힘을 합쳐 내게 새 생명의 청신호를 보내는 것 같았다. 드디어 죽음의 나락에서 건져 올려져 회생의 길을 걷고 있구나라고 생각했다.

어느새 가을이 지나고 겨울이 다가오고 있었다. 모진 추위를 잘 견디도록 마대로 된 붕대로 남은 맨가지들을 따습게 감싸고 고무 밴드로 보호했다. 그렇게 힘겨운 겨울을 이겨내고 이듬해 봄이 되자, 믿을 수 없을 만큼 많은 새잎들이 찬란하게 피어났다. 정말이지 영화의 해피 엔딩 때처럼 기쁨에 찬 박수를 소리 없이 보냈다. 이제는 나날이 건강하고 풍성해지고 있다.

그래도 사라진 기력을 완전히 회복하고 전성기의 자태를 갖추기에는 시간이 많이 걸리거나 영영 어려울지도 모른다. 그 시절 풍채보다는 못 미치지만 지금의 건강한 모습 만으로도 내게는 한없이 기특하고 고맙다. 몸소 혹독한 시련으로 나에게 큰 경각심을 주었으니, 이제 더 이상 단풍나무에게 소홀한 일은 없을 것이다. 지금 이대로 의연하고 굳센 모습으로 가족들의 그늘이 되어 함께 살아가고 있으니 쳐다볼 때마다 대견하고 마음 그윽하다. 나무나 사람이나 하늘로부터 받은 생명을 충분히 사용하고 살다 가야 한다. 그래서 진정 함께 건강해야 한다.

나도 그동안 단풍나무처럼 병고를 겪으며 살아왔던 스스로를 잘 돌보아야 할 시기가 온 것 같다. 남은 삶도 가족들에게 쉼터가 되고 주변과 사회를 위해 그늘이 될 수 있기를 소망한다. 내가 세상을 떠난 후에도 후손들이 청단풍 그늘 아래 모여 앉아 할아비의 단풍 사랑 이야기를 하게 될 것이다.

청단풍 나무야!

너와 함께 지구 별 여행을 하고 있어 행복하구나! 네 마음이 동하거든 다가오는 가을날, 선홍색 단풍 꽃으로 내게 응답해 주지 않으련!

증기기관차와 캐딜락

늦더위가 채 가시지 않은 새벽녘, 내 고향 화산역에 꽤액~ 기적소리와 함께 흰 증기를 뿜어내며 거대한 검은 물체가 역으로 들어왔다. 증기기관차였다. 역무원들이 제각기 기름 횃불을 들고 바쁘게 오가며 벌겋게 사방 어둠을 밝혀 주었다. 아이들이 새벽 기차 시간에 늦지 않도록 면 소방서에서는 사이렌을 두 번씩이나 울려서 잠을 깨워 주었고, 역장은 객차 두 칸을 전용으로 배정해 주었다. 6학년 서울 수학여행을 떠나는 역에는 학부모들도 나와 살가운 눈빛으로 자식들을 지켜보았다. 기차를 처음 타는 아이들도 많았다. 말로만 듣던 서울을 처음으로 가게 되니 오글오글 떠들며 열차에 올랐다. 서울 수학여행은 새해가 시작될 때부터 우리를 들뜨게 했고, 시골 마을 전체의 이야깃거리로 학기 내내 시끌시끌했다.

모교인 화산국민학교는 군정 시절인 1962년도부터 900여 명 전교생이 한 해에 두 번, 보리 이삭 벼 이삭 한 됫박씩을 6년 동안 거두어 수학여행 경비를 마련했는데, 타작 된 알곡은 받아주지 않아서 추수 때가 되면, 아이들이 이삭 줍느라 온 들판이 부산했다. 당시는 인근 도시의 중학생들도 주로 경주 불국사로 수학여행을 갈 때였는데, 유독 우리 학교는 서울 수학여행의 전통이 세워져 대부분 아이들이 함께 갈 수 있게 되었다. 1차 경제개발 5개년 계획이 시작되는 해에 발맞추어, 농촌 부흥과 아이들에게 넓고 큰 세상을 보고 배우게 해주려는 선생님들의 사려 깊은 선견지명 덕분이었다.

서울 가는 중앙선 철로는 일본 강점기에 건설된 단선이라 특정 역에서 상·하행이 교차하지만, 정시운행이 안 되고 고장도 잦아 교행 역에서 한 시간 정도 기다리는 일은 다반사였다. 석탄가루가 새카맣게 묻은 화부가 삽으로 검은 석탄을 연신 보일러 화실에 퍼 넣으면 붉은 불이 무섭게 타올랐고, 끓는 물이 증기가 되어 기관차를 움직이게 하는 것이다. 중앙선은 지형이 험준해서 오르막길은 칙칙폭폭 소리가 더욱 숨 가쁘게 들렸다. 긴 굴을 지날 때면 객실 창을 닫아도 밀폐가 안 되어 뿌옇게 연기가 들어차서 연신 기침들을 해댔고, 물에 적신 수건으로 눈코를 가려도 눈물이 줄줄 흘렀다.

숲이 우거진 평지를 지날 때 작은 새나 매미가 객실로 잘못 날아들어 즐거운 소란이 벌어진 적도 있었다. 강원도에 들어서자 역마다 아주머니들이 소쿠리를 머리에 이고 움직이는 열차에 종종걸음으로 따라오며 "강원도 강냉이 10원!"을 외쳤다. 고향 영천에서는 경험하지 못한 광경이었다. 두세 개 한 묶음에 1~20원 정도인데도 서로 눈치도 보고 용돈을 아끼느라 사 먹는 아이들이 드물었다.

소백산 따뱅이굴은 험난하기로 유명해서 증기기관차로는 힘에 부치니 디젤기관차로 바꾸어 이후 서울까지는 객실에 연기가 차지 않아 편안하게 갔다. 무려 16시간이나 걸려 저녁 8시경 청량리역에 도착하니, 차멀미로 네온사인이 뒤집혀 보이고 사방이 빙글빙글 돌아갔다. 아이들은 새카매진 몰골로 평택여관에 방을 잡은 뒤에도 밤새 왁자지껄 놀았지만, 나는 끼어들 힘이 없어서 죽은 듯이 쓰러져 잤다.

이튿날 서울 거리를 걸어서 간 창덕궁, 창경원의 동물원과 식물원 등은 모두가 처음 보는 것들이라 얼이 빠져 열심히 구경했다. 골목마다 구두닦이 넝마주이 지게꾼들이 즐비했다. 사람들이 오가며 하는 빠른 서울말은 거의 알아듣지 못했지만, 통을 메고 다니며 장사하는 옷 태 허술한 소년의 말은 잘 들렸다. "아이스기게 아이스기게" 케키 발음이 힘든지 기게로 바꾸어 외쳤지만 잘 알아들었다. "아이스케키는 1원, 김이 무럭무럭 나는 아이스하드는 3원입니다" 얼음에 김이 난다니 서울 사람들이 시골 사람을 속이기 위한 말인 줄 알았는데 거짓이 아니었다. 뚜껑을 여니 정말로 김이 술술 나오는 것이 아닌가! 지금 생각해보면 드라이아이스의 기화 안개였다. 종로에서 전차를 처음 보았고, 남산에서 케이블카로 공중을 둥둥 날아갈 때는 최고의 호사였다. 인천 월미도와 여러 곳을 다니는 동안 멀미 후유증으로 자유공원의 나무 벤치에 누워서 견뎠다.

열두 살 시골뜨기의 눈에 보인 복잡한 서울 모습은 책에서 배우지 못한 것이었고, 상상 못 했던 경이로운 광경들이었다. 더 큰 세상이, 내가 모르는 세상이 있다는 것을 알게 된 수학여행이었다. 불과 나흘간의 여행이었지만, 세상을 보는 나의 눈은 그 이전보다 커져 있었다. 어머니는 "서울 갔다 와서, 농사일도 잘 돕고 공부도 열심이라 철이 들었다."며 흐뭇해하셨다.

그로부터 29년이 지나 첫아들이 열두 살, 둘째아들이 아홉 살이 되었을 때, 장모님을 모시고 다섯 가족이 캐나다 로키 자유여행을 다녀왔다. 밴쿠버에서 대형 캐딜락 승용차를 빌려 국립

공원인 밴프와 로키산맥을 따라, 300m의 만년설이 쌓인 컬럼비아 아이스필드를 거쳐서, 자스퍼와 서부 해안 빅토리아섬을 거쳐 밴쿠버로 돌아오는 3,500km의 대장정이었다. 운전은 내가 맡아 하루에 500km를 달렸지만, 질서 잡힌 선진 사회에서의 운전은 그리 힘들지 않았다. 도중에 농장이 나타나면 과일을 사 먹고, 강이 나오면 수영도 하고, 주택가 개러지 세일에서 소품들을 사는 소소한 즐거움도 누렸다.

한국에서 출발할 때 아이들이 맥도널드 햄버거를 실컷 먹어 보고 싶다고 했지만, 연달아 두 번을 먹은 후로는 더이상 찾지 않았다. 전기밥솥으로 지은 쌀밥과 김치, 김, 고추장 등 오랫동안 익숙한 한식이 역시 편했고, 간간이 끓여 먹은 컵라면은 꿀맛이었다. 식사는 휴게소에서 직접 조리해 먹었고, 숙소는 인적 드문 산속에 있는 일명 케빈, 롯지라 불리는 통나무집이나 작은 산장을 예약하여 지냈는데, 가는 곳마다 순박하고 친절해서 불편함을 겪은 적이 없었다.

여행 시작 나흘 만에 황당한 일을 겪었다. 예약된 숙소를 두 시간이나 지나쳐 내려와서 다시 돌아갈 수도 없고, 늦은 밤이라 예약 잡기도 어려웠다. 여름인데도 정상에는 만년설이 보이는 해발 3,954m의 로키의 최고봉 롭슨마운틴 아래 외진 야영장에 주차를 하고, 다섯 명이 승용차 안에서 일박을 하게 되었다. 계속 히터를 켜면 가스중독이 걱정되고, 환기를 위해 문을 열어두려니 찬 이슬이 내려서 생고생을 했는데, 지금까지도 잊지 못할 기억으로 남아있다. 즐거운 기억은 시간이 지나면 쉽게 흐릿해지는데, 괴로움을 겪은 일들은 왜 오랫동안 지워지지 않을까?

빅토리아섬을 거쳐서 밴쿠버 시가지 관광을 끝으로 8일간의 여행을 마치고 서울로 돌아오는 날, 가족들에게 이번 로키 여행이 어땠느냐고 소감을 물었다. 깨끗하고 아름다운 자연에 대한 경이로운 마음이 가장 컸고, 사람들이 친절하고 서로 존중하는 선진사회를 처음 경험해 보아서 오래오래 기억에 남을 것 같다며 감격해했다.

해외여행의 기회가 귀한 때라, 아이들은 친구들에게 캐나다 자유여행의 경험을 자랑스럽게 이야기하곤 했다. 나는 당시 콩을 볶듯 바쁜 직장생활이었다. 수개월 전에 회사와 상의도 없이 비행기를 사전 예약해놓고 휴가를 신청했다. 당시 9일간의 휴가를 몰아서 가는 것은 경위서를 내야 할 정도로 모험이었다. 설령 질책을 받고 불이익이 생기더라도 후회하지 않겠다는 확고한 결심으로 실행에 옮긴 여행이었다.

내가 열두 살 때 서울 수학여행에서 느낀 그 감흥을 우리 아이들에게도 느끼게 해 주고 싶었다. 그때 처음 타보았던 검은 증기기관차, 우리 아이들이 그 나이 때 캐나다 로키 여행에서 탔던 하얀 캐딜락 승용차, 29년이라는 세월의 간격을 둔 여행이었지만, 아들들에게도 잊히지 않는 좋은 추억거리로 남겨주고 싶은 나의 작은 소망을 이루었다.

여행을 함께한 장모님은 오래전 세상을 떠나셨고, 큰아들이 그때의 나와 같은 사십 대 초반의 나이가 되어 있다. 함께 보고 느끼며 겪은 소중한 이야기들은 가족의 추억이 되고, 삶의 뿌리가 되어 있구나라는 생각을 해본다. 소유의 즐거움은 잠시지만, 추억은 오랫동안 심장에 남아 가슴을 데워준다.

3% 문화비

내가 본 그것은 신세계였다. 생애 최초로 뉴욕 필 오케스트라 공연을 보았다. 황홀한 경험으로 놀랍기만 했을 뿐, 얼마나 훌륭한 공연인지는 알지 못했다. 관객들의 박수가 그치지 않으니 어안이 벙벙했다. 손바닥이 얼얼할 때까지 박수를 따라 쳐야 했다. 그때까지 음악 감상은 음악다방에서 레코드판이나 카세트 전축으로 듣는 것이 그나마 호사였다. 어느 날 훌쩍 세계 최정상의 공연을 세종문화회관에서 처음으로 직접 관람하게 되었으니 어리둥절할 뿐이었다. 관객들의 호응이 뜨거웠지만 분위기에 젖어 들지 못해서 나 홀로 이방인이 된 느낌이었다. 여러 직장 동료에게 함께 가기를 청했는데 호응이 없어 외톨이로 간 것이 못내 아쉬웠다.

지방에서는 제대로 된 문화 공간이 없었고, 생활에 바빠 언감생심 엄두도 내지 못했다. 당시 세종문화회관은 화재로 소실되어 6년에 걸친 신축 공사 끝에 웅장한 석조 건물로 새로 지어진 동양 최대의 공연장이라 자랑했다. 1978년 4월 개관 행사는 40일간에 걸쳐서 세계 최정상의 예술단들을 유치했다는 홍보가 일간지마다 넘쳐났고, 연일 전단들이 시가에 뿌려졌다. 뉴욕 필과 베를린 필 공연 관람권은 C석도 6천 원이나 되어 당시 내 월급으로는 적지 않은 비용이었지만, 모험하는 마음으로 표를 샀다. 3천 석이 넘는 대극장을 꽉 채웠고 나는 3층 멀고 높은 곳에 자리 잡았다. 근사한 관현악 연주자들이 무대 아래에서 솟아 올라왔고, 반짝이는 지휘봉 아래 수많은 악기의 앙상블이 그렇게 어우러질 줄은 상상조차 못 했다. 조그만 음향기기를 통해 귀로 듣는 소리와 실황 연주를 직접 보고 듣는 것과는 비교할 수 없는 차이가 있음을 실감했다. 지휘자의 카리스마 넘치는 동작과 피아니스트의 현란한 손놀림은 보는 것 만으로도 전율을 느꼈다.

그로부터 며칠 뒤 오페라 '아이다'와 '박쥐' 공연을 보게 되었다. 이탈리아의 정상급 공연단으로 주인공이 루치아노 파바로티 같은 중량감 있는 성악가였던 것 같다. 무려 세 시간에 이르는 공연은 장엄하고 경이로웠다. 사람이 저토록 긴 시간 동안 초능력의 소리를 낼 수 있는지 믿어지지가 않았다. 무대의 화려함과 시시각각으로 바뀌는 장치가 신기했다. 이야기의 줄거리는 뒷날 프로그램 책을 구입하고 나서야 알았다. 처음부터 줄거리를 알았으면 훨씬 재미가 더 했을 텐데 아쉬움이 컸지만, 문화적인 충격과 감격은 고스란히 가슴에 여운으로 남았다.

6주간의 개관 기념 공연 전체 패키지 비용은 내 3개월 월급에 해당하는 큰돈이어서 엄두도 낼 수 없었다. 그나마 C석에서 몇몇 공연을 본 것만으로도 문화적 호기심을 깨우는 큰 자극제가 됐다. 두 편의 오페라는 내수동 전셋집 주인이 세종문화회관 경비 책임자라 무료입장을 주선해 준 행운 덕분이었다. 예술 문화에 대한 호기심은 늘 갖고 있었지만, 학생 때는 교재 책 사기도 버거웠던 터라 공연, 전시회 관람은 그림의 떡이었다. 중학교 시절은 영화나 만화방이 고작이었다. 간혹 시골 강가 자갈밭에 천막을 치고 가설극장이 열리는 날이면 스피커를 동원한 선전으로 동네가 떠들썩하였다. 돈이 없으니 뒷구멍으로 들어가거나 영화가 끝나는 시간이 임박하여 마지막 부분이라도 보는 것이 작은 즐거움이었다. 약간의 돈이 구해지면 친구들과 연합해서 만화나 무협 소설을 즐겼다. 와룡생의 무협 소설은 만화방에 있는 전부를 읽어낼 때까지는 공부도 안 되고 아무런 일도 할 수 없을 만큼 빠져들었었다.

책에 대한 애착과 결핍이 늘 가슴 한편에 남아 있어 공고 졸업 후 첫 월급부터 소득의 3%를 문화비로 쓰겠다는 결심을 세웠다. 그 덕분에 책이나 영화, 공연이나 전시, 각종 체육 활동 등 다양한 분야에서 최소한의 호기심을 채워 나갈 수 있었다. 때로는 주변 친구들로부터 고상한 척한다는 핀잔을 듣기도 했지만 개의치 않았다. 비록 적은 돈이지만 내 나름 자유롭게 쓸 수 있는 예산이 생기니 문화 예술에 대한 호기심과 관심의 끈을 놓지 않을 수 있었다. 70년대 후반에 들어 급속한 산업화가 이루어지면서 사회 전반에 문화 창달이란 말들이 생겨나고 지방마다 문화 회관이 지어졌다. 3%의 문화비는 한겨울 산행 때 가져간 따뜻한 믹스커피처럼 감칠맛 나게 쓰였다. 초기에는 매월 몇 백 원이었지만 급여가 늘어날수록 가용 금액도 많아져, 마음 놓고 쓸 수 있는 자유 인출 통장이 생기니, 여유롭고 즐거워졌다.

문화 활동에 대한 지속적인 관심을 놓지 않았던 데에는, 특별한 취미가 있거나 확고한 목적이 있었던 것은 아니었다. 꼭 필요할 때 책 한 권 마음 놓고 살 수 없었던 좌절감과 결핍을 채우려 했던 단순한 이유에서였다. 사고 싶은 책을 적어두고 하나씩 소유하는 즐거움을 누렸다. 그땐 주로 지방에서 생활했지만, 서울의 주요 박물관과 아트페어, 갤러리의 주요 전시는 서울 근교에 사는 지금보다 더 열심히 찾아다녔다. 해외 출장이나 여행을 가면 그 지역의 미술관이나 박물관 등을 우선하여 관람하는 의욕을 부렸다. 50여 년 동안 지속한 3% 문화비는 새롭고 다양한 경험을 하게 했고, 무엇보다 문화적 호기심을 통해 삶의 여유로움을 일깨우도록 도와주었다.

3% 문화비를 레저비용으로 용도를 확장해서 36년 전 골프에 입문했다. 사회적으로 사치스러운 운동으로 주목받던 시기라 모험과 용기가 필요했다. 골프를 통하여 수많은 인연을 만났고, 극한 허리 통증을 극복했고, 멋진 자연 속에서 릴랙스하게 지낼 수 있는 여유로움을 누렸다. 지금 생각해 보면 참 다행스럽고 앞선 선택이었다.

나이 들수록 자연 속에 젖어 드는 것이 가장 편안하다. 인간이 만들어 낸 음악보다 물소리, 바람 소리, 새소리가 더 편안하고, 하늘빛 물빛 나뭇잎 꽃잎처럼 자연의 색상이 어떠한 그림보다 더 곱고 찬란함을 이해한다. 예술은 자연 속에서 영감을 더하고 표현될 때 더 훌륭해진다는 것도 문화 활동을 통해서 체득하게 되었다. 50여 년 동안 3% 문화비가 준 소득이요, 내게 들인 마음 빛깔이다.

1분 주례사

"길게 하시면 안 돼요. 5분이 넘으면 아무도 듣는 사람이 없어요."

둘째아들이 결혼식을 보름 앞두고 내게 짧고 간결한 주례를 진행해 달라는 부탁을 해왔다. 당연히 할 수 있는 말이지만, 차근차근 근거 있게 설명하는 큰아들과는 달리 단발적으로 이야기하는 둘째의 말투가 그다지 맘에 들지 않았다. 후리후리한 체형에 배려심 많은 주도적 품성으로 성장했지만, 늘 아비의 자아상과 대결하듯 대화를 했고, 이미 답을 낸 듯한 말투에 내 의견을 보태기가 힘들었다. 나 역시 주도적으로 살아온 체질이라 괜한 마찰은 피하고 정성 있게 소통하려 애쓰는 편이었다. 부자간이란 활과 화살 같아서 아들은 귀하게 쓰임 받는 화살이기를 바랐다. 내가 쏘아 주기만 하면 아들 스스로 세상 풍파를 뚫고 날아가고자 했다. 배우자를 정하는 과정도 대부분 주도적이어서 부모는 당연히 따라 주어야 마땅한 듯 진행되었으니, 약간의 섭섭함을 품고 있었다.

알았다. 간결하고 짧게 하마! 그렇게 말해 주면 될 것을, 왠지 과정을 건너뛴 것 같은 생각에 순간 비틀린 말이 튀어나왔다. 아부지가 하는 것이 그렇게 걱정이 되면 너희 둘이 편하게 모실 분을 찾아 보라는 투로 떨떨하게 내뱉고 말았다. 그 순간 들어주는 아량이 부족했다는 판단이 번쩍하며 뒤따라 붙었다. 내가 아들 속으로 들어가야지 내 뜻대로 따라 주기를 바라서는 안 된다는 생각이 들었다. 나는 20대가 되었을 때 이미 어른들의 충고나 바람의 말들이 귀에 전혀 들어오지 않았는데, 지금 아들의 나이 서른인데 내 방식대로 호응해 주기를 바라고 있었으니 생각해 보면 어불성설이었다. 혼사를 앞두고 작은 충돌이라도 생기면 겪어야 할 마음 불편과 자칫 단 한 번의 주례 기회를 놓치게 될까 봐 얼른 수습의 말을 던졌다.

"내 경험에도 어지간히 능숙한 주례사를 빼고는 5분이 넘어가면 집중해서 듣기가 힘들더라! 짧고 간결하게 하는 것이 훨씬 낫지." 사뭇 사무적인 말투로 덧붙였다.

내 기분을 알아차린 아들이 잠깐 어색해진 분위기를 반전 시키려는 듯 친구들 결혼식에 다녀보면 주례는 따분한 이야기를 계속하고 하객들은 뒷전 치는 장면들을 보니 안 좋더란 얘기를 해왔다. 서로 배려의 마음이 오가고 대화가 편해지니 연이어 살 집을 준비하는 일과 검소한 혼례를 위해 여러 생각과 사례들을 주고받다가 문득 색다른 제안을 해왔다.

"신랑 입장 때 아버지가 저와 손잡고 들어가면 분위기가 좋을 것 같은데, 아버지 생각은 어떠세요?" 기분 좋은 제안이었다.

"음 경험해 본 적은 없지만 그것참 새롭고 괜찮은 그림 같은데, 나는 대찬성이다."

흔쾌하게 동의했다. 사회자는 신랑 친구보다는 신부의 친구로 하고 싶다는 제안도 마음에 들어서, 예식을 앞두고 더는 미결이나 걸림돌이 남지 않았다.

대화로 부자간의 생각이 열렸을 때, 혼례 진행 방식에 대한 나의 기본 생각을 분명하게 밝혔다. 혼인의 혼婚은 장가를 든다는 뜻이고 인姻은 시집을 간다는 뜻이다. 결혼식은 가족 친지들 앞에서 두 사람이 장가를 들고 시집감을 서약하고 정중하게 승낙받는 의식이다. 신랑 신부의 자축 행사로 이해하고 가벼운 이벤트나 농담 등은 자제하도록 단호하게 당부했다. 내 생각에 이의가 없는 듯 아들의 마음도 한결 밝아져 보였다. 사회자가 할 진행 대사와 내가 할 주례사가 겹치지 않도록 사전 조율을 해놓겠다는 다짐도 해왔다.

결혼식 전날 밤부터 아침까지 30센티의 상서로운 큰 눈이 내렸지만, 당일은 포근하고 평온했다. 나는 계획한 대로 아들의 손을 잡고 환호를 받으며 한 손은 하객들을 향해 흔들며 입장해서 주례석에 섰다. 이어서 사돈의 손을 잡고 입장한 신부 동하가 아들과 나란히 자리했다. 삼십육 년 전 아내와 내가 지금 신랑 신부의 자리에 서 있을 때는 이 세상에 어떠한 징조나 흔적도 없었던 두 아이가 내 앞에 서 있으니 기분이 묘하고 경이롭다는 생각을 했다. 먼 바닷속에 있었는지 무궁한 우주에서 먼지처럼 있다가 나타나는지, 이해할 수 없는 생명 창조의 신비로움에 사로잡혔다. 하객들에게 간단한 감사 인사말을 한 뒤 1분 주례사를 했다.

"별에서 온 사랑하는 창현, 동하야! 자존감을 드높여 스스로를 귀하게 여기며 서로 깊이 사랑하거라! 생활하다가 힘겨운 일이 닥쳐도 삶의 멋을 누리는 기회를 놓치지 말거라! 인생이란 그 누구도 대신할 수 없는 단 한 번의 기회이고, 삶이란 각자가 쓸 수 있는 단 한 권의 책과 같단다! 자기 자신을 위해, 가족과 사회를 위해 정직한 의도로 통찰하며 공헌하는 삶이 되도록 하거라! 무엇보다 부디 건강하고 행복하기를 바란다."

행사를 마치고 가족 친지들이 주례사가 간결해서 좋았다는 인사를 해주어서 다행스러웠다. 무엇보다 소박한 결혼식의 의미를 잘 호응해 준 두 아이의 건강함도 마음에 들었다. 목적에 맞는, 짧고 간결한 소통을 위해 군더더기를 걷어내는 많은 노력과 시간이 필요했다.

그렇게 결혼한 지 5년 만에 상상 속에서도 없었던 사내아이가 세상에 태어났다. 나를 거쳐서 아들이 나고, 또다시 아들을 거쳐서 손자가 태어나서 세상 인연의 고리가 이어지는 것이 신비스럽고 오묘하다. 도대체 인간 생명은 어디에서 와서, 어떠한 운명으로 서로 만나게 되는 것일까? 자신도 모르는 사이에 어디에선가 걸어와 마주하고 있는 소중한 인연들, 나는 그들과 함께 어디로 가고 있는 것일까…?

작명례

세상 만물은 각각의 이름을 갖는다. 사람이 이름을 갖는 일은 인간존재의 출발점이다.

이름이란 '이르다 다다르다'의 뜻으로, 의미와 기운이 그 사람의 삶과 생명력에도 영향을 준다고 믿는다. 아이가 탄생하면, 전통을 고려해서 사회적으로 통용되는 이름을 짓게 된다. 이렇게 지어진 이름은, 출생 신고와 동시에 공식명公式名이 되고, 평생 그 사람의 상징이자 고유명사가 된다. 난 성명학에 흥미가 있어 세상에는 내가 지어 준 이름으로 살아가는 사람이 열다섯 명이나 있고 늘 그들의 삶을 지켜보게 된다.

이름은 그 사람의 성격이나 행동 양식에 적지 않은 영향을 미친다는 주장에는 완전하게 동의한다. 오래전 일이지만, '요람에서

무덤까지 전통예절'에 대해 배우며, 관혼상제 외에도 아이에게 이름을 부여하는 작명례가 있음을 처음 알게 되었다. 작명례란 과거 사대부 집안에서 행하던 의식으로, 조상과 친지들에게 새로 태어난 아이의 존재를 알리고, 존중받기를 원하는 귀한 전통이라 손주가 생기면 꼭 실행해 보리라 마음에 챙겨두고 있었다.

이듬해 초가을의 청량한 아침 산책 중에 손자의 순산을 확인받았고, 주변도 아랑곳없이 환호성을 지르고 한달음에 달려가 창 넘어로 상면했다. 한줄기 빛을 본 듯 감격스러웠다. 큰아들이 결혼 후 4년 동안 기다리던 첫손자라 그날로 작명을 시작했다. 부르기 좋고 듣기에 조화로우며, 뜻이 분명한 이름이 되도록 꼬박 3주일 동안 진중하게 검토한 내용을 아이의 어미에게 알려주었다. 다행히도 내가 1순위로 추천한 이름과 아들 내외가 검토한 1순위가 '이지안'으로 만장일치하여 가족 모두가 흡족해했다. 그래도 작명례는 아이 부모의 의견을 무시하고 할아비 임의로 강행할 수는 없는 일이라, 백일 행사 때 전통 의식을 할 수 있도록 민주적 독재 방식으로 반복 설명해 두었다. 가족 전체가 모일 수 있는 여건과 날짜를 맞추다 보니, 무려 5개월이 지나서야 우리 부부의 결혼기념일에 맞추어 작명례를 하게 되었다. 처음으로 주관해 보는 의식인데다 가족들이 경험해 보지 못한 행사에 아무도 기대감을 보이지 않았다. 낡은 전통을 우겨서 강행

하는 것처럼 부담이 되어 세심하게 정성을 들여야만 했다.

2017년 3월 19일 작명례를 하는 날, 이름 모를 새들의 고운 소리에 새벽잠을 깼다. 은근히 신경이 쓰여 밤잠도 설쳤다. 집 주변 동산은 날로 초록이 짙어지고 온갖 꽃들이 봄을 알리고 있었다. 준비물과 절차는 경건하게 천주교 의식을 반영했다. 가족 친지들이 예의 격식에 맞게 제자리에 앉은 후, 과정과 취지를 재차 설명하고 행사를 시작했다.

"지금부터 가을에 온 별, 태명 앙이의 작명례를 진행하겠다. 먼저 아비는 조상께 포도주를 올리고 상석을 향해서 두 번 절하거라!" 아들이 자못 정중하게 절을 하고 자리에 앉았다. "아가야! 지금부터 할아비가 너의 이름을 붙여주겠다. 너의 아비는 여주 이씨 승현이고, 너의 어미는 전주 최씨 소미이다. 너는 여주 이씨 구산군파 이규보의 31대손이다. 너의 사주는 병신년 정유월 경무일 임오시丙申年 丁酉月 庚戊日 壬午時이고, 2016년 9월 25일 11시 30분 서울에서 태어났다. 너의 이름은 알 지知 자 언덕 안岸 자를 써서 지안知岸이라 하고, 그 뜻은 깨달음의 수준이 언덕처럼 높게 이른다는 의미를 가졌다. 사주 풀이를 하면 지인용智仁勇이라 지혜롭고 어질고 용감하게 산다는 뜻을 품고 있으니, 이름에 걸맞게 훌륭하게 자라서 세상에 공헌하는 삶을 살도록 하여라!" 아들 내외에게도 아이를 자존감 있고, 타인을 배려할 줄 아는 사회성 좋은 아이로 양육토록 당부했다. 준비된 말을 마치고 아비와 어미부터 시작해서 참석자들이 돌아가며 아이에게 축복의 말을 한마디씩 해주기를 청했다.

작명례를 시작하기 전에는 가족 친지들이 반신반의하다가 어느덧 경건해졌고, 아이의 아비도 정중하게 참석의 감사 인사를 해주었다. 그 목소리도 촉촉하게 들렸다. 참석자 전원이 아이에게 칭찬과 덕담을 한마디씩 했고, 무슨 일인지 알 리 없는 아이는 사방을 두리번거리기만 했다. 그렇게 처음 시도한 작명례를 무사히 마쳤다. 며느리에게 잠자코 안겨있던 손자를 받아, 볼에 입맞춤하고 공중으로 높이 들어 올렸다. 작은 몸짓과 부드러운 살결이 살가웠다. 가장 어린 자가 행사의 주인공이 되었고, 집안 분위기도 한층 유쾌하고 밝아졌다. 처음으로 해 본 작명례, 나는 작은 철학자가 된 기분이 되어 크게 만족했다.

사람의 육신은 유한하지만, 이름은 평생을 함께할 뿐 아니라 자손 대대로 일컬어지는 것이다. 좋은 이름을 지어서 부여하는 작명례는 아이의 자존감과 자부심을 높이고, 부모가 아이를 훌륭하게 키우도록 다짐하는 소중한 전통이요 아름다운 문화유산이다! 작명례를 통하여 손자의 미래가 밝기를 바라는 부모의 마음은 자식 간의 유대감을 크게 넓혀 준다. 저출산 시대에 태어난 귀한 아이들이 자기 이름을 소중하게 여기고 명예롭게 살면, 세상도 날로 더 맑아지지 않을까? 사라져가는 작명례의 전통문화를 전승하는 전도사가 되고 싶다.

작명례, 어린 손자가 내게 준 선물이요 축복이다!

이별이 준 선물, 마라톤

31년 동안 뜨겁게 사랑했던 그녀와 헤어졌다. 다시는 그렇게 내 마음을 뺏을 임을 만날 수 없다는 것을 알면서도 기어이 떠나 보냈다. 호리호리한 님이 불을 켜고 달려들면 맞설 수가 없었다. 피부는 하얗지만 속은 싯누렜다. 십 대 때 호기심으로 만나서 풋사랑으로 덜미가 잡혀 긴 세월 끌려다녔다. 그동안 내게 잘해주기도 했지만, 너무 힘들게도 했다. 마음이 초조할 때는 진정시켜 주고, 외롭고 괴로울 때는 흰 구름이 되어 나를 위로했다. 자주 목구멍에 붙어서 기침 몸살을 일으키면 긴 시간 괴로움을 겪었다.

여러 번 헤어질 결심을 했지만 한두 달도 약속을 지키지 못했다. 자존심도 상하고 비굴하다는 생각도 했다. 일이 꼬여 약이 바짝 오른 어느 날 일이다. 한참 동안 헤어졌다가 다시 만난 그 날은 거의 한 시간 연속 입맞춤으로 나의 신기록을 갈아 치웠다. 헤어진다는 결심은 나만이 아는 일이라 다시 만나도 탓할 사람이 없었다. 그래도 요번에는 물러서지 않기로 했다. 어떠한 담합 없이 단호하게 헤어지기로 했다. 차 속에서 뜨겁게 임과 놀다가 불똥이 등 뒤로 날아가서 구멍 낸 양복들이며, 주머니에는 짙은 황색 찌꺼기며, 쉬 지워지지 않는 임의 악취는 은근하고 지독했다. 이별을 결심하며 끝없이 불길 잘했던 윈드밀 수동 라이터도 쓰레기통에 던져버렸다.

임을 보내고 얼마간 시간이 지나자 내 마음이 크게 흔들렸다. 예상하지 못한 이외의 반응이었다. 공백시간에는 내 마음 둘 데 없이 손이 허전했다. 기억도 가물가물하고 의욕이 사라지니 간단한 글도 잘 써지지 않았다. 그래도 참기로 했으니 생각이 날 때는 사탕과 놀고 커피와도 자주 조우했다. 임과 헤어진 지 한 달이 지났다. 자고 나면 일어나기 편해졌고 슬슬 식욕이 살아났다. 산모처럼 몸이 불어나고 허리도 굵어졌다. 나 보란 듯 헤어지기 전보다 더 날씬해지기로 다짐했다. 담배라 불리는 임을 깡그리 잊기 위해서 달리기로 관심을 돌렸다.

먼저 입문한 동료들이 달리기의 장점들을 줄줄이 이야기했다. '마라톤으로 몸이 탄탄해지니 매사 자신감이 넘치고 긍정적으로 생활하게 되더라. 과음 과식을 피하고 몸살림을 잘하게 된다'는 칭찬 일색이었다. 흔쾌히 승낙하고 대회 참가 신청을 했다. 처음 출전은 상암 운동장 출발 10km를 뛰었는데 하늘이 노랗고 다리가 후들거렸다. 반은 뛰고 반은 절뚝거리며 억지로 완주했다. 그렇게 입문 후 4개월 만에 온양온천 하프 마라톤에 참가했다. 함께 뛰는 동료들의 격려와 도움을 받았지만 얼굴이 하얗게 질리고 2시간이 넘게 걸려서야 들어왔다. 구토도 나고 눈앞이 어질어질했다. 동료들이 뒤풀이 식사로 떠들썩할 때 나는 뒷자리에 누워서 간신히 기운을 차렸다.

헤어지고 일 년이 지나니 임의 존재도 점차 기억에서 희미해져 갔다. 좋아하던 골프도 새까맣게 잊었다. 일상생활도 일과 달리기로 단순화됐고 과음 과식을 피해서 퇴근길 밤에는 남산 순환도로를 뛰었다. 무릎에 연골이 완전히 사라진 지 오래되었고, 인공 관절 수술을 강력 권유받고 있었다. 가벼운 통증은 무시하고 인내하며 버텼다.

20개월 후 중앙마라톤 풀코스에 도전했다. 당시 현대차 그룹 임원의 하루 업무가 무겁고 빡빡해서 훈련도 제대로 못 한 채 대회 날이 도래했다. 불안 걱정에 휩싸여 참석할까 포기할까 고민했다. 2003년 11월 7일 제9회 중앙마라톤, 잠실주경기장을 출발하여 판교 성남을 반환점으로 돌아오는 코스 주변은 곳곳에 노란 은행잎들이 거리를 뒤덮었다. 이른 아침 출발 총성에 따라 국제적인 선수들이 앞서 달리고 일반인들은 뒤를 따랐다. 25km 까지는 그런대로 잘 뛰었지만, 30km 지점을 넘어서자 연료가 바닥난 차처럼 다리가 움직이지 않더니 35킬로 지점에 이르러서는 온몸이 아프기 시작했다. 뛰다가 걷다가를 반복하며 간신히 잠실 운동장에 도착했다. 러닝타임 4시간 57분, 계획했던 5시간을 3분 남긴 채 골인한 것이다. 서로 격려하며 첫 마라톤을 함께 완주한 40대 여성은 펑펑 울음을 터트렸다. 42.195km 풀코스 마라톤을 처음 완주한 사람들은 '내가 해냈구나' 하는 마음으로 대부분 울컥했다. 골인 지점에서 대기하고 있던 지인들이 큰 환호와 박수로 환영해 주었다. 대형 전광판에는 트랙을 따라 들어오는 선수들을 한 사람씩 비춰주어 감동을 더 했다.

이렇게 시작된 달리기로 풀코스를 열 차례 이상 완주했다. 목요일 저녁이면 양재천에서 매주 10킬로씩 연중으로 노력했다. 일본의 작가 무라카미 하루키가 매일 10km를 뛰는 그의 마음을 이해할 수 있었다. 4년 만에 울트라마라톤도 완주했다. 강화도를 일주하는 100km 마라톤은 7월의 고온다습한 무더위 속에서 밤 8시에 출발하여 그다음 날 정오까지 15시간이나 걸렸고, 마지막 1킬로를 남기고 완전히 탈진했다. 한낮의 도로는 불판처럼 뜨거웠고 몇십 미터씩 걷고 주저앉기를 수없이 반복하며 완주는 했지만, 너무 가혹했다. 그 이후로는 마라톤을 중단했다. 극한도전의 끔찍함을 자책했다. 런하이의 희열은 경험하지도 못하고 매번 힘들고 괴로웠다. 그래도 자기 한계에 도전했던 경험들은 늘 뿌듯하고 큰 자부심으로 남았으니 후회한 적은 없다.

임과 헤어진 지 2년이 넘어서니 님의 존재가 점차 잊혔고 냄새마저도 역겨워졌다. 혈액순환이 개선되어 맥박수가 분당 40회까지 떨어졌다. 종합검진 때는 서맥으로 진단했지만, 사실은 심폐 기능이 대폭 향상된 것이었다. 달리기를 권했던 동료들의 말대로 생활이 적극적으로 바뀌었다. 시내길 1~2킬로의 거리는 가볍게 걸어 다녔다. 마라톤은 명상이다. 긴 시간의 육체적 고통은 정신을 맑게 집중시킨다. 다른 생각을 할 겨를이 없다. 고민은 하나씩 하나씩 순차적으로 원인과 긍정 해법을 깨우쳐 주었다. 스님들의 3,000배나, 촛불 고행의 이치가 이해된다. 완주 기념 메달이 100여 개나 생겼다. 무릎 연골은 그때나 지금이나 여전히 남아있지 않는다. 정형외과 주치의는 조깅과 등산도 적극 만류했었다. 조용히 지냈어도 닳아버린 연골이 다시 살아나지는 않았을 거라 고집스럽게 믿으며 지금도 잘 견디며 지내고 있다.

덕분에 건강하고 긍정적으로 열심히 살았다. 31년간 동거했던 담배의 검은 타르들을 내 허파꽈리에서 완전히 몰아내는 데 십여 년이 걸렸고, 그 후 다시 십 년이 흘렀다. 지난 20년 동안 내가 제일 잘한 일 한 가지를 꼽으라면 첫 번째가 담배와 찬란하게 헤어진 일이다. 마라톤 완주의 소중한 경험들은 완전히 덤으로 얻은 귀한 선물이었다. 그러니 이 얄궂은 임을 밉다고 해야 할까? 고맙다고 해야 할까?

시간 없다 말 못해

순간 가슴이 탁 트이고 밝아졌다. 바다를 보며 자유를 꿈꾼 영화 빠삐용이 떠올랐다. 시외버스로 해운대에서 동해 해안 도로의 출발지인 달맞이 고개를 넘어 송정리에 이르는 꼬불꼬불 해변 도로에 들어서자, 송림 사이로 바라보이는 초봄의 쪽빛 바다는 그대로 텀벙 뛰어들고 싶은 절경이었다. 산자락 곳곳에 진달래꽃이 숨어 피었고, 개나리며 연두색 잎들의 조용한 아우성이 들리는 듯했다. 1979년 3월 27일이었다.

시외버스에 몸을 싣고 기장과 일광을 거쳐 해변 길로 한 시간 남짓, 석양이 질 무렵에 장안면 월내리에 도착했다. 독신자 숙소는 바닷가에 인접해서 해초와 소금기 바다 냄새가 났고, 갈매기들이 끼룩거리고 쏴아 파도 소리 들으니 쌓인 피로와 머릿속에 엉겨있던 찌꺼기들이 씻겨 나가는 듯 상쾌했다. 바다가 마음의 평화를 선사했다. 시간이 아까워 일찍 잠들고 싶지 않아서 조그만 해수욕장 모래사장을 맨발로 걸었다. 달도 없는 어두운 밤인데 파도는 깨어 있었다. 하얀 두루마리처럼 줄지어 몰려와서 나에게 쉴 자리를 깔아주려는 듯 잠시 머물다 발가락 사이로 스르르 빠져나갔다.

다음 날 여명이 틀 시각에 고리 원자력 2호기 건설 현장으로 부임했다. 6시 이른 아침부터 이미 작업을 시작하고 있었다. 상시 근무하는 인원이 만여 명이나 되니 자전거와 오토바이가 출퇴근 길을 가득 메우고 있었다. 당시 현대건설은 매년 곱절 가까운 성장을 하고 있어서 직원들의 업무량이 폭증했고, 퇴근 시간을 특정할 수 없었다. 일 년에 고작 15일 정도 쉴 수가 있었다. 추석이나 설에도 오후에 출근하고 일요일도 예외 없이 일했고, 겨울철이 되면 별 보고 출근해서 달 보고 퇴근하는 일이 다반사였다.

건설 현장은 수많은 장비와 작업 소리로 24시간 전쟁을 치르듯 시끄럽고 분주했다. 아무리 벅차고 힘들어도 못하겠다는 이유를 대지 못하고 오로지 되는 방법만 찾아야 하는 풍토였다. 인력이 더 필요하거나, 자재 장비가 더 들거나, 비용이 더 들거나, 시간을 더 달라는 조건은 요구할 수 있었으나, 못하겠다는 말은 입 밖에 낼 수 없었다. 부임한 지 일주일이 지나니, 서울에서 좌고 우고 탁상공론 시비하던 이념논쟁들이 까마득하게 잊혔고 생각할 겨를도 없었다. 내가 맡은 임무는 300여 명을 지휘하며 약 100만 개의 기계 설비 중 핵심 부문인 원자로 계통 기기의 설치 가동을 완료시키는 일이었다.

건설 현장으로 오기 전 불과 2년간의 서울 생활에서 거의 탈진해 있었다. 1970년대 말 유신 체제하의 사회 환경은 이념 논쟁과 갈등이 최고조였다. 주말에는 새문안교회 청년회 편집장으로 한국 최초 교회의 전통을 지키느라 부담이 컸고, 평일 직장 퇴근 후 이틀은 광화문에서 한 시간 반 거리의 구로 공단에서 야학 교사도 병행했다. 직장 설계실의 업무 강도도 높았으나 시간을 쪼개며 살았다. 직장 일과 미숙한 신앙생활과 사회 참여의 균형을 유지하기가 힘겨워 고민과 혼란을 심하게 겪고 있었다. 광화문은 연일 유신 철폐를 외치는 데모대의 함성과 매캐한 최루탄 가스로 눈이 따가웠다. 구로 야학 교실의 학생들은 대부분 교대 근무를 하는 지방 출신 여공들로 향학열이 높았고, 인정이 넘쳐나는 공간이었는데, 어느 날 강제 폐쇄되고 말았다. 대학생 야학 교사들이 야밤에 선동적인 유인물을 제작하는 곳으로 당국에 적발되어 일부 대학생들이 연행되고 야학은 중단되었다. 나는 주어진 역할에 인내하며 간신히 평정심을 유지하려고 노력했지만, 극심한 신경성 위장 장애를 앓고 있었다. 그런 처지에서 나를 건져내어 되살릴 변화가 절실했다.

다음 해 봄인 1979년 3월 현대건설 경력직으로 이직하여 현장 근무를 자원했다. 동지들은 지방으로 내려간 나에게 사회 참여의 의무를 팽개치고 이기적으로 자기 생활을 찾아갔다고 비판하는 소리도 해댔지만 답할 여유조차 없었다. 온몸으로 생활한 지 두어 달이 지나자, 그간 혼란스러웠던 마음이 정돈되었다.

세상일은 주도적으로 계획하고 직접 추진하는 사람과 간접적으로 지켜보는 자 사이에는 큰 시각 차이가 있음을 절감했다. 지켜보는 자는 이론적으로 비판하며 지성인처럼 행동하지만, 현실과는 동떨어진 허구에 가깝다고 생각했다. 우리가 일상 누리고 있는 문명 세계는 소수의 리더가 방향을 밝히고, 많은 사람의 손과 발을 통해 구현되는 것이지, 공허한 구호로 만들어지는 게 아니라는 걸 치열한 삶의 현장에서 깨달을 때가 많았다.

현대건설에서 3기의 원자력 발전소를 시공하여 상업 발전에 이르기까지 지방에서 8년을 보냈다. 세상에 불가능은 없다는 마음가짐으로 일하는 동안 숱한 희로애락을 경험했다. 1기에 1조 원 가까이 투입된 원자력 발전소는 하루 전력 생산액이 20억 원이나 되니 공사 기간 단축은 국가적인 관심사였다. 시험 운전과 상업 발전이 될 때까지 모든 부문이 오로지 일 중심으로 힘을 합쳐야만 했다. 현장은 실사구시의 정신으로 답을 찾는 곳이다. 44년 전, 서로 지원하고 격려하며 지낸, 땀으로 맺어진 정 깊은 동료들은 오랜 세월이 흘러도 마음이 바래지 않고 오늘날까지 변함없이 친밀하게 지내고 있다.

돌이켜 보면 일이 넘치고 시간이 쫓길 때 오히려 시간이 많았다는 역설적인 경험도 했다. 물론 지난날은 젊음이 뒷받침됐지만, 동료들의 아기 백일이며 돌 행사도 빠짐없이 참석하고, 이사를 하면 집들이에 회식도 자주 가졌다. 한 달에 한 번 휴가 날은 이른 새벽에 출발하여 늦은 밤까지 전국을 두루 다녔고, 여름철에는 점심시간을 이용하여 매일 해수욕을 즐겼다. 그런 와중에 촌각을 아껴 해운대 밤하늘에 보름달이 바다 위에 둥그렇게 떠 있던 날 해변 데이트를 했다. 장문의 고백 편지를 써 보내고 '나의 달님'이라는 화답의 시詩를 받았다. 솔밭 2층 다방에서 긴 시간 기다려 주던 참한 아가씨와 결혼을 했다.

첫아들이 세 살 때, 국내보다 몇 배에 달하는 파격 연봉으로 현대건설 이라크 중동 근무를 요청받았으나, 힘겹고 완곡하게 해외 근무 가기를 거절했다. 몹시도 힘겨운 날들, 나를 지탱해 준 살가운 아들과 가족들을 떠나 해외로 가는 것이 달갑지 않았기 때문이었다. 그 후 울산 현대자동차로 전직하여 22년간 근무 후 퇴임하였고, 이후 중견 기업에서 CEO로 오랫동안 지냈지만, 일로 인한 두려움이나 아쉬움은 겪지도 남기지도 않았다. 후회 없이 일했고 시간 없다는 말은 하지 않고 지냈다.

살다 보면 이런저런 사유로 나를 내모는 일들이 많지만, 소중한 것 우선으로 잘 조절하면 어느덧 시간의 틈이 생긴다는 사실을, 나는 일을 통해 배우고 경험해왔다.

시간이 없어 어려운 것이 아니라, 지금 내게 가장 우선하는 게 무엇인가를 잘 판단하고, 미루지 않고 실행으로 옮기는 것이 더 어려운 일이라는 것을…….

나이가 들면 왜 시간이 빨리 가는가

"인생 팔십이 일순간에 지난 것 같구나" 장모님이 아침 식사를 하며 탄식하듯 뱉은 말이 유언처럼 되고 말았다. 서울에 사는 셋째 딸을 만나러 가서, 낮에 어지럼증을 호소하여 종합병원에서 수혈 치료와 수술까지 하기에 이르렀고, 불과 입원 한나절 만에 홀연히 하늘나라로 떠나셨다. 실로 망연자실한 일이었다. 의료 사고로 여겨지지만 가족들의 의견을 모아 운명으로 받아들이고, 연명 치료는 하지 않기로 했다. 준비 안 된 이별은 오랫동안 가족들에게 큰 회한과 슬픔을 안겨주었다. 그 모두가 엊그제 같은데 벌써 10년 전의 일이 되었다. 시간은 슬프고 즐거웠던 기억을 반주 삼아 메트로놈처럼 똑딱거리며, 검푸른 블랙홀 속으로 사라져 가는 것 같다. 때로는 바람처럼 흐르다가 이윽고 화살처럼 속도를 키우며 날아가 버린다.

지난해, 95세 생전의 김동길 박사께서 '내 나이 칠십이 넘으니 칠십둘 칠십넷 칠십여섯, 이렇게 일 년에 두 살씩 나이를 먹고, 팔십이 넘으니 팔십다섯 구십 이렇게 다섯 살씩 건너뛰는 것 같더니, 구십이 넘어서는 하룻밤 자고 나면 일 년이 지난 것처럼 시간이 빠르다'는 말씀을 하셨다. 미국에 이민 가서 오랫동안 세탁소를 운영하며 바쁘게 지낸 지인께서 지난 30년을 돌이켜보니 채 5년도 안 된 것 같다고 이야기했다.

도대체 왜 생각보다 시간이 빨리 가는 것처럼 느낄까? 단조롭고 반복적인 시간은 특히나 기억나는 일이 없으니, 지나서 보면 긴 세월도 바람처럼 휙하고 시간이 압축되어 버리는 결과가 아니겠는가? 물리적 시간은 변함없이 늘 그 자리에 있는데 인식의 시간은 느려지기도 하고 빨라지기도 한다. 도대체 왜 그렇게 느껴지는 걸까?

불혹을 지나고부터는 예전까지 멈추어 있던 시간이 질주하듯 빨라졌다. 어이쿠 벌써 사십이네! 흔들림 없이 잘살아 보자며 촛불 켜고 자축했던 기억이 얼마 되지 않은 것 같은데, 당시 초등학생이던 첫아들이 불혹을 넘겼고, 손자가 초등학생이 되니, 삼십여 년의 시간이 바람처럼 흘러갔음이 믿어지지 않는다. 육십갑자 한 바퀴 돌아온 회갑은 가장 기분 좋은 생일이었다. 회갑 기념으로 녹음이 우거진 지리산 실상사와 담양 소쇄원 일대를 여행을 했던 일이 엊그제 같은데, 벌써 10년의 세월이 화살처럼 흘러 종심의 나이에 이르렀다. 그동안 부모님 세대의 한 분 한 분이 세상을 떠나자, 죽음에 이르는 사람의 일생이 그다지 긴 시간이 아니라는 생각이 마음을 흔든다. 앞으로 남은 시간이 얼마나 더 빨라지게 될지 은근히 두렵기까지 하다.

유년 시절을 뒤돌아보면 시간은 거의 무한정이었다. 강가에서 물놀이 고기잡이하며 놀던 여름날의 하루는 한없이 길었다. 온종일 자연 속에서 온갖 모험과 놀이를 만들어 즐기느라 몰두했다. 농사일을 거드는 일도 힘들었고, 웬만한 거리를 걸어 다녔던 심부름은 고달프고 하기 싫었다. 그런 일들에서 벗어나고 싶어 빨리 어른이 되고 싶은데, 한 살씩 더 먹는 것이 너무 더디고 지루하기만 했다. 오래전의 빛바랜 사진들을 찾아 회상해 보면, 그 시절의 시간은 멈추어 있는 구름처럼 천천히 흘러갔다는 생각이 난다.

첫 손자가 22개월째 되던 해 강원도 오크밸리로 함께 가족 여행을 간 적이 있었다. 아이에게 세상은 의문투성이고 궁금한 것뿐이었다. 온종일 모야 뭐야? 보는 것마다 하루 종일 수백 번도 더 묻고 또 물었다. 보이는 물건마다 무엇인지 묻고, 왜 거기 있는지 이유도 묻고, 쓰는 방법도 묻고, 새가 왜 지저귀는지 배가 고픈지 노래를 하는지…. 아무리 설명해도 끝없이 질문을 해왔다. 그것이 뭔지 대충 설명해서는 넘어가지 않았다. 스스로 이해가 될 때까지 묻고 또 묻는 것이었다. 마주치는 장면들을 빠트리지 않고 기억하고 되새김을 해야 하니 그 시기의 어린아이에게는 시간 흐름의 개념조차도 없는 것이다. 산술적으로는 두 살 아이의 1년은 절반이 새롭고 처음 겪는 경험이라 시간이 멈춘 듯 느리게 인식하고, 50살 성인의 일 년은 불과 2%만이 새로운 경험이라 98%의 시간은 압축되어 버리니 휙 지나가 버린 느낌이 드는 것이다.

우리가 인식하는 시간은 모래시계의 모래알이 흘러내리는 것 같아서, 시간이 지날수록 모래 알갱이들의 뾰족한 모서리가 떨어져 나가고, 잘록한 구멍도 닳고 커져서 최적화된 조건으로 모래들이 점점 빨리 떨어지게 된다. 생소한 경험들도 이와 같아서 상황이 숙련되고 익숙해지면 시간이 빨리 흐르는 원리와 같은 것이다. 여행은 갈 때보다 돌아오는 시간이 훨씬 빠르다. 처음 보는 광경은 호기심이 커져서 순간을 놓치지 않고 찬찬히 살펴보게 되니, 저속 모드 영상처럼 수많은 이미지를 인식하는데 시간이 오래 걸리고, 흐름도 늦어지게 된다. 대신 돌아오는 시간은 이미 다 아는 길이라 주의 깊게 볼거리가 없으니, 그 이미지 수가 적어져서 마치 고속 모드 영상처럼 압축된 시간은 빨리 흐르게 된다. 기억 속에서 뚜렷하게 불러올 수 있는 장면이 적을수록, 그 시기의 시간은 더 짧게 인식하게 되는 것이다.

근래, 또래의 사람들을 만나면 예외 없이 시간이 너무 빨리 간다고 아우성들이다. 그 누구도 미래로 나아가는 삶의 시계를 거꾸로 되돌릴 방법은 없다. 시간을 천천히 가도록 사는 것이 나이 들어가는 사람들의 명제이다. 아무런 변화가 없는 생활은 더디고 지루하다. 그렇게 지루하게 반복된 시간은 지나서 뒤돌아보면 큼지막한 기억들 속으로 흡수되어 버리니, 시간이 빨리 가는 것처럼 느끼게 되는 것이다.

남은 시간 어떻게 살아내는 것이 좋을까?
새로운 일, 해보기도 전에 완벽한 계획이 어디 있겠는가!
호기심 많은 마음이 되어 이제까지 안 해 본 일, 하고 싶은 일, 머뭇거리지 말고 시작하기로 한다. 새로운 모험의 조각이 많아지면 시간이 멈춘 듯 가슴 뛰는 일도 생기고, 저속 모드로 늦추어지며 찬찬히 지나가지 않을까! 내 삶은 사라져도, 시간은 제자리에서 순환할 뿐 결코 흘러가지 않을 것이기에….

최석호

나에게 글은 독백이다.

하고 싶은 것을 좌우명처럼 새기어가는 메모이자,

순간순간 스쳐가는 생각들을 굴비 엮듯 엮어가는 일상의 상념들이다.

솟구쳐 오르는 욕망들을 사그라들기 전에 붙잡아

그 본질을 해부해가는 일상의 숨결이며,

생성되는 생각들보다 사그라지는 것이 더 빠르기에

그것들을 붙잡으려는 안타까운 몸부림이다.

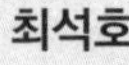

최석호

방송통신대학교 경영학과 졸업.

2023년 봄 〈창작수필〉 등단.

현재, 사단법인 e-아름다운동행 이사, 가구라인 대표,

창작수필문인회 회원으로 활동 중.

zen333@naver.com

다시 연애를 시작했다

다시 사랑할 수 있을까? 내게도 연애 세포가 아직 남아 있을까?

가을이 되니 청첩장이 날아든다. 초등학교 친구가 여식을 시집 보내는 소식이다. 청첩장을 받는 기분이 예전과는 사뭇 다르다. 같은 나이 학교 친구다 보니 비슷한 것이 많다. 부모님 나이도, 아이들 나이도 비슷하니 친구 일이 내 일이고 내 일이 친구 일처럼 다가온다. 그러고 보니 어느새 우리 애들도 혼기를 지나고 있거나 가깝다. 그럼에도 이십 대 중반, 삼십 대 초반의 딸들을 보면 아직도 너무 어려 보이기만 하다, 막내는 밖에서는 의젓한데 집에서는 아직 응석받이다. 어쩌면 내가 그리 만들었을 수도 있다. 막내라고 이뻐하고 어리게만 대하다 보니 제 엄마랑 아이처럼 친구처럼 어울리며 논다. 집안에 웃을 일이 많은 건 좋지만 걱정될 때도 있다.

하루는 하도 아이처럼 굴길래 한마디 했다. "엄마가 네 나이 때는 언니 나이가 세 살이었다." 그랬더니 옆에서 아내가 한마디 한다. 자기 나이 스물두 살에 연애 한 번 못 해보고 시집와서 여태껏 이러고 산다고. 맏며느리로 들어왔다고. 그러고 보니 많은 생각이 든다. 맏며느리로 시집온 지 반년도 안 지나 좋은 소식 기다리는 시부모의 눈치며 여러 가지로 어렵고 힘들었을 텐데 그때는 그것을 몰랐다. 그런데 내 딸이 시집갈 나이가 되고 결혼해서 남의 집 며느리가 될 걸 생각하니 여러 가지로 마음이 쓰인다. 그때의 제 엄마와는 4년의 차이가 있음에도 더 어려 보이고 걱정되는데 우리 장인 장모님은 어린 딸을 시집보내면서 어떠한 마음이었을까 하는 생각에 이른다.

32년 전으로 거슬러 올라가 본다. 내 나이 서른셋 장남이다 보니 결혼을 재촉하는 아버님의 성화에 어찌하든 빨리 결혼해야 하는 상황에 몰렸고, 그때 지금의 아내를 만나 서둘러 결혼하게 됐다. 당시 마음에는 열한 살 차 어린 나이라는 건 마음에 와닿지 않았고, 부부는 동격이며 나이 차이는 있어도 같은 수준으로 인식하고 생활했던 것 같다. 아이를 낳는 것도 다들 결혼하면 산통을 겪고 아이를 낳는 것은 그냥 자연스러운 일상인 줄로만 알았다. 막연하게 고생 덜하고 건강한 아이 순산하고 산모도 건강하면 된다는 마음으로 기도했던 것 같다. 여자가 아이를 잉태하고 열 달 임신 중의 어려움, 그리고 진통의 고통도 있지만 처음 겪는 출산에 대한 두려움, 아이가 태어나서 첫울음을 터트리며 첫 호흡을 시작하고 사지 육신이 정상인 것이 확인되기 전까지의 두려움을 나는 잘 알지 못했다. 큰애는 자연분만했지만 두 번째는 수술로 분만했다. 진통도 오래가고 힘들기도 했지만 출산하기 전에 어쩌다 가는 점집에서 고비를 잘 넘겨야 한다는 소리를 들은 터라 죽음의 공포까지도 느꼈던 듯싶다.

그렇게 살아온 세월 동안 IMF와 외환위기를 겪으며 고생도 많이 했던 질곡의 세월을 지나 이제 딸들의 혼기가 되어가니 비로소 아내의 지나온 세월을 돌아보게 되고 양가 부모님들의 마음도 헤아리게 된다. 최선을 다해 살아왔지만 좀 더 잘해주지 못한 데 대한 회한이 몰려온다. 스물두 살에 시집오느라 연애 한번 제대로 못 해봤다는 말이 귓전을 맴돈다. 아내는 지금 갱년기를 건너는 중이다. 갱년기의 늪을 건너느라 몸도 마음도 반쯤은 닫혀 있다. 덜 익은 스물두 살이나, 반쯤 무너진 오십 대 중반의 지금이나 관심과 배려가 절실히 필요한 상황은 비슷한 것 같다. 예전엔 너무 모르고 직장 생활하느라 못 챙겼다고 하더라도 지금은 그래서는 안 되겠다는 생각이 든다. 그래서 다시 시작하기로 했다. 부부를 떠나 원점에서 다시 시작하는 마음으로, 장밋빛 미래를 꿈꾸던 결혼 전 연인처럼 그 마음으로 되돌아가

보기로 했다. 나이가 들면 미운 정 고운 정, 정으로 산다지만 그리 살기엔 우리에겐 남은 세월이 아직 많다. 설레며 살고 싶다. 아내의 잠든 얼굴을 바라보며 이제 내가 당신을 처음 만났을 때처럼 온 힘을 기울여 사랑하겠다고 다짐을 해본다. 아내도 마음을 열고 처음 그때처럼 받아줄까? 가슴이 뛴다, 이제 내가 다시 연애를 시작했다.

내가 원하는 삶을 산다는 것은

무대화장을 하고 드라마에 출연한 멋진 배우와 민낯의 배우를 보면 달라도 너무 달라 둘을 같은 사람으로 보기 어려운 경우도 종종 있을 수 있다. 그렇다고 해서 그것을 위장이니 치장이니 과장이라고 비판할 수 만도 없다. 이와 같은 관점에서 제품을 과장해서 설명하고 팔면 이것은 기만인가 상술인가? 어느 것이 옳다 그르다를 떠나 그것은 나에게 중요했고 나에게 많은 스트레스를 안겨주는 일이었다. 1995년도, 당시로는 제법 큰 가구 매장을 오픈했다. 가구 매장을 하기 전에는 가구 공장에서 자재관리를 주로 하면서 규격대로의 삶을 살았다. 그것이 가구 공장에서의 십 년이었다.

그런데 가구 매장을 운영하기 시작하니, 가구를 취급하는 같은 분야이긴 하지만, 제조와 판매는 달라도 너무 달랐다. 가구를 잘 알기에 좋은 점도 있지만 오히려 어려운 점도 있었다. 가장 어려운 점은 과장해서 설명하고 적당히 부풀리고 밀당을 해야 하는데 도저히 그럴 수가 없었다는 데 있었다. 성격상 그것이 잘되지 않았기 때문이다. 소비자가 보기엔 같아 보여도 실제는 천차만별이다. 겉으로 보면 같아 보여도 사용된 자재나 기술은 차이가 많다.

그러다 보니 손님 봐가면서 과장도 하고 속이기도 하면서 장사를 하는 전업 영업맨들은 마진도 많이 보고 판매한다. 여기에서 문제가 시작되었다. 그런 사람들과 경쟁하려면 나도 같은 방법으로 해야, 동등한 경쟁이 되는데, 곧이곧대로 설명하고 그들과 경쟁하려니 여간 어려운 게 아니었다. 그래서 가구를 제대로 안다는 것이 오히려 부담이 되었다. 콩 심은 데 콩 나는 것을 눈으로 보고 자란 나에게, 과장과 포장이 필요한 영업이란, 어울리지 않았고 그렇게 십 년을 고생했다. 결국 고생은 고생대로 하고, 가깝지만 먼 길을 돌아 제조를 하게 되었다. 제품설계를 시작했고, 이제는 일의 중심이 디자인이 되었다.

나는 대표라는 직함보다는 디자이너로 불리는 것을 좋아한다. 가구를 잘 몰라도 가구 공장이나 가구 매장 사장은 할 수 있지만, 가구를 모르고는 가구 디자이너가 될 수가 없기 때문이다. 디자인은 판매와 달라 정확성이 생명이다. 호기심과 배우는 것을 좋아해 1987년도부터 컴퓨터를 배웠다. 하이텔 천리안 등 PC통신 등에 심취했고 2000년도에는 선구적으로 가구 홈페이지를 열었다. 당시 홈페이지를 오픈할 때는 지금처럼 인터넷이 산업 전반의 기반이 되리라는 것을 예상하지는 못했지만 자료 관리와 소통에 꼭 필요해 보여서였다. 홈페이지, 블로그, 페이스북, 핀터레스트, 카카오스토리, 유튜브, 스케치팹 등 호기심과 재미로 시작한 것들이 지금의 나에게는 재미와 취미이기도 하면서 나에게 가장 중요한 사업기반이며 모든 수익 창출의 바탕이 되고 있다.

이것이 시작된 가장 큰 목적이자 취지는 있는 그대로의 정확한 정보를 소비자에게 전달하는 것이었다. 제품을 소비자가 보고 고르는 것은 쉬운 일이지만, 없는 제품을 디자인해서 설명하고 전달해서 제대로 판단하게 하는 것이 일반인들에게는 쉽지 않다. 지금도 많이 통용되는 캐드 도면, 일명 2D 도면은 전문가가 아니면 알아보기가 어렵다. 그래서 나는 3D 도면을 근간으로 하고, 한 발 더 나아가 애니메이션을 추가해 고객들이 제품을 쉽게 이해할 수 있게 했다.

이제는 메타 디자인을 시작했다. 이것이 시작된 계기는 올바르고 정확한 제품 정보의 전달이 목적이었다. 나는 꼼꼼한 성격이어서 제품을 살 때 상세하게 검토한다. 적당히 포장하고 과장하는 것을 싫어하고 좋으면 좋은 대로 비싸면 비싼 대로 제값

주고 사기를 원하고 고객에게도 그런 상품을 판매하고 싶다. 과장을 하지 않고 있는 그대로를 설명하고, 내 능력대로 디자인해서 원하는 사람이 스스로 찾아와 밀당 없이 주문 제조하는, 지금의 사업방식이 나에게는 잘 맞는다.

홈페이지에 올려져 있는 제품 사진은 수만 장이 넘고, 그중 내가 직접 디자인한 제품도 상당수에 이르는 방대한 데이터다. 시간도 노동력도 많이 투자되었다. 이십칠 년의 내 삶의 흔적이자 내 인생의 자산이다. 어찌 보면 참으로 어려웠던 고난의 흔적일 수도 있지만, 나에겐 호기심으로 시작해 취미로 즐기던 일이자 놀이였으니 감사한 일이다.

가구 매장 십 년 중 후반기는 살기 위해 돈을 버는 것이 아니라 돈을 벌기 위해 살았다. 1995년도에 오픈해 장사가 제법 잘돼서 재미가 있을 무렵 1997년도 말 IMF가 터지고 경제가 어려워지면서 고생을 많이 했다. 지금은 디자인을 하고 맘껏 인터넷 서핑을 하며 재미있게 사는데도 돈은 저절로 따라온다.

공무원이나 대기업 다니던 친구들은 수년 전에 은퇴했다. 나도 회갑이 지나면서부터는 반은 은퇴했다는 기분으로 산다. 예전에는 일하면서 짬을 내 골프를 즐겼다면, 지금은 골프가 우선일 때도 있다. 연부킹 모임을 몇 개 들어 놓고 그날은 무조건 골프를 간다. 하고 싶은 것에 우선을 둔 생활이다. 요즘도 가끔씩 밤을 새우기도 한다. 디자인에 몰두하다 보면 그리된다. 정해진 시간에 납품하려면 설계가 우선이기 때문에 꼭 해야만 하는 필연성이 있기도 하지만 그렇게 할 수 있는 것은 디자인이 시작되면 게임에 빠진 것처럼 심취되어 성취의 쾌감을 느끼기 때문이다.

아침에 눈뜨고 2~3시간 명상 겸 운동 단전호흡을 하고는 잠자는 시간 빼고는 전화로 상담하거나 디자인하거나 인터넷 서핑하는 게 거의 생활의 전부다. 돈을 벌기 위해 사는 일상이라기 보다 즐기다 보니 필요한 만큼의 돈이 따라오는 삶이다. 지난날의 열정과 노력이 만들어준 지금의 평안함이 참 감사한 요즘이다. 가구 디자이너로 살면서 즐기다 보니 내 인생 디자인도 절로 된 것 같다. 돌아보니 평안한 삶을 만들어준 건 내가 사랑한 일이었다.

신의 미끼

어느 날인가 친구와 식사 중인데 친구 부인에게서 전화가 왔다. 그런데 친구가 많이 긴장하는 느낌이다. 몇 마디 통화하더니 스피커폰으로 돌리면서 인사를 하란다. "안녕하세요? 잘 지내시지요? 오랜만에 함께 운동하고 식사 중입니다, 늦지 않게 보내드리겠습니다." 내 목소리를 확인하고 나서야 친구 부인도 말투가 변하면서 부드럽게 전화를 끊었다.

친구가 그동안 고생하는 사정을 털어놓는다. 5년 전쯤 오십대 후반의 얘기다. 별일 없이 잘 지내던 친구네 가정에 문제가 생기기 시작한 건 그로부터 3년 전쯤 아내의 갱년기가 시작되면서 부터란다. 처음에는 생리가 불안정해지면서 시도 때도 없이 땀을 흘리고 정서적으로 불안해지고 짜증도 많이 내고 여러 가지로 삶에 의욕을 많이 잃더란다. 같은 말도 여느 때와는 다르게 신경질적으로 받아들이고 오해를 많이 하고 그러면서 차츰 말싸움하는 빈도가 높아지고 점점 대화는 줄어들고 보이지 않는 벽이 생기기 시작했다. 부부 싸움은 칼로 물 베기라고, 애정 행위를 하려고 가까이 다가서면 그나마도 원만하게 이루어지지 않는단다. 부부생활을 할 때도 고통을 호소하고 갈등만 키우게 되니 점점 몸도 마음도 멀어져 가고 서로 간에 불신만 커졌다.

친구네는 좋은 위치에 제법 규모 있는 모텔을 운영하고 있었다. 경제적으로도 넉넉하고 애들도 다 커서 집안에 하등 걱정거리가 없었는데, 부부간의 갈등이 시작되면서 그늘이 생기기 시작했다. 부부생활이 원만치 않으면서 친구의 일거수일투족에 신경이 곤두서기 시작하고 다른 여자들과 웃으며 대화라도 하면 눈초리가 변하고 불안한 증세를 보이고, 어쩌다 여자 동창일지라도 통화라도 하는 날이면 어김없이 한바탕 난리가 나고야 만단다. 의부증이 분명해 보였다.

모텔을 운영하다 보니 허구한 날 불륜으로 들락거리는 사람들을 보게 되니 눈에 보이는 모든 게 불륜처럼 느껴지는 모양이었다. 그럼에도 갱년기가 시작되기 전에는 이런 일이 없었다. 원만한 부부생활에 불륜은 단지 남의 일이었고 그 이상으로 생각할 이유가 없었다. 그런데 자신이 받아주지 못하는 상황이 되자 그때부터 의심하기 시작하더란다. 남자는 다 똑같다, 어디 가서

든 욕구를 풀어야 하는, 짐승 같은 사내로 동일시하고, 의심의 강도가 심해지고, 온갖 상상으로 스스로를 피폐하게 만들었다. 이날도 알리바이를 증명하기 위한 차원에서 나를 전화에 끌어들인 것이다.

그로부터 몇 년이 지나 친구를 다시 만난 자리에서 이제는 갈등이 거의 해소되었다고 했다. 2년 전에 모텔을 처분하고 가능하면 같이 있는 시간을 늘려서 오해의 소지를 줄이고 아내의 갱년기도 어느 정도 극복이 되면서 안정화가 되어가더란다.

그랬었는데 지금은 나의 아내가 갱년기를 지나고 있다. 아내의 갱년기가 늦어진 건 나와 나이 차이가 십 년이 넘기 때문이다. 아내는 요즘 땀도 많이 흘리고 무기력하고 몸이 붓기도 해서 한약을 먹고 있는데 한약도 먹을 때뿐이어서 장복을 하게 된다. 아내가 힘든 것 외에 우리는 아무런 갈등도 없이 잘 지내는 편이다.

내가 갱년기 증세를 보인 건 칠팔 년 전이다. 무기력해진 일상에 성욕도 저하되고 남성의 힘도 예전 같지 않음을 느끼기 시작하고, 친구들이 비아그라를 소지할 때, 차츰 그게 남의 일이 아닌 것처럼 느껴지기 시작했다. 같이 골프를 하던 오륙 년 정도 연상의 선배들이 가끔 "최 사장 젊은 부인과 사니까 좋지? 이담에 나이 들어봐!" 했다. 그 말이 무슨 뜻인지 차츰 이해가 가기 시작했다. 그러면서 많은 생각을 하게 됐고 그 시점을 기준으로 건강과 갱년기에 관해 초점을 맞추고 내 특유의 장기인 집중력을 발휘하기 시작했다.

많은 시간과 노력을 기울여 공부하며 '기 수련'이라는 특별한 수련을 했다. 갱년기의 근본 원인은 성호르몬의 불안정이다. 여성은 여성호르몬이 줄어들면서 여성성을 잃어가고 많은 문제가 발생한다. 남성은 성 능력 저하와 함께 근육의 상실과 골밀도 저하가 시작된다. 서로가 중성화되어 가면서 문제가 시작되는 것이다.

부부가 동시에 갱년기를 지나면 성적 문제가 없을 수도 있다. 동시에 같이 무기력해져서 서로 시큰둥해지면 문제가 안 생긴다. 그런데 나처럼 나이 차이가 크거나, 체력적으로 서로 다른 친구네처럼, 한쪽만 갱년기를 심하게 겪는 경우는 분명 그 영향을 받을 수도 있다. 만일의 경우를 대비해 많은 공부를 했고, 그것이 나에게 기 수련의 차원을 한 단계 높여주는 계기가 되었다. 그 공부로 인해 새로운 관점에서의 삶에 대한 안목도 높였다.

갱년기의 원인이 성호르몬의 불균형과 저하에서 오는 것이라면 부부간의 성 문제를 떠나 건강과 회춘을 위해 무엇을 해야 하는가의 답을 얻은 것이다. 답을 알고 나니 그것을 해결해 가는 과정에서 나는 또 하나 삶의 환희가 느껴졌다.

그러면서 많은 사회문제, 특히 성으로부터 발생하는 많은 갈등과 가정의 문제 등 사건들을, 매스컴들이 지적하고 비난하고 이슈화하면서도, 사회가 근본적으로 그 문제를 파헤치고 교육하지 못하는 현실에 안타까움을 느꼈다. 성 문제를 터부시하고 묻어두는 한 그 해결 방향을 찾는 건 쉽지 않다.

신이 인간을 창조할 때 성적인 쾌감을 준 것은 종족 번식을 위한 미끼였다. 종족 번식의 행위가 고통뿐이라면 개체의 번성을 기대할 수 없기에 쾌락을 미끼로 준 것인데, 인간이 미끼만을 탐하면서 거기에서 비롯된 문제들로 인해 성을 터부시했다. 그것이 오히려 성의 고결하고 성스러운 면을 훼손하게 된 것이다.

나이에 따라서 다르긴 하지만, 성은 생명을 잉태하는 성스러운 행위로 창조되었다. 신은 그 성이란 것에 생명 창조의 능력을 부여했고 인간이 살아가는데 가장 강력하고 원천적인 힘을 부여했다. 따라서 정력은 모든 에너지의 기본이며 원천이다. 결국 성을 다스리는 것이 생명을 다스리는 것이며 건강을 지키는 시작이며 끝이다. 성을 바로 볼 때 삶도 바로 보인다.

다행히 친구네도 평화를 찾았고, 우리 집도 별문제 없이 잘 지내고 있다. 하지만 평화는 저절로 얻어지지 않는다. 노력과 대가를 치른 후에야 얻어진다.

누가 나를 아는가

바위산 넓은 바위 틈새에 아슬아슬하게 자라고 있는 분재 같은 소나무 한 그루, 그 소나무 사진을 바라보면서 생각에 잠긴다. 너는 어쩌다 비옥한 땅에서 자라지 못하고, 아스라한 절벽 갈라진 틈새에서, 모진 바람과 가뭄과 뿌리조차 내리기 어려운 곳에서 배배 꼬인 몸으로 외로움에 떨고 있느냐, 너의 어미는 바람이냐? 아니면 흐르는 물이더냐? 아니 어쩌면 너를 삼킨 새일 수도 있겠구나, 너를 미처 소화시키지 못하고 하필이면 바위틈에 너를 내려놓았는가 보다. 얘야 서러워 마라 네가 설자리 네가 자랄 자리 스스로가 선택하지 못했듯 만물에 영장인 인간도 나 스스로 태어날 곳을 선택하지는 못하는구나. 세상만사 천양지차지만 그래봐야 도토리 키 재기, 길어야 100년이란다. 어차피 너나 나나 한 줌 흙이 되는 건 마찬가지니 서러워 마라. 문득 이런 상념에 잠기니 참 인생살이가 허무하다는 생각이 든다.

올해 86세이신 노모님, 머리는 온통 백발이고 허리는 구부러져 걸을 때마다 아이고 허리야 하신다. 아스라한 추억을 떠올려본다. 초등학교 3학년 때쯤인 것 같다. 가끔 꾸지람도 듣고 때로는 등짝을 얻어맞기도 했는데 그날은 뭔가 잘못을 했는지 엄마가 야단치려고 했는데 그날만큼은 야단맞는 것에 수긍이 가지 않았다. 그래서 슬슬 피하다 냅다 도망치기 시작했다. 힐끗 돌아다보니 네가 뛰어봤자 벼룩이지 하는 표정으로 쫓아 오신다. 나름 나도 달리기는 잘했고 운동회 때도 늘 달리기하면 상을 타곤 했다.

그런데 그건 어머님한테 물려받은 재주니 어머니나 나나 나름 달리기는 자신이 있었으니 본의 아니게 달리기 경주가 되어버렸다. 그렇게 200미터는 족히 달렸는데, 그만큼 달리고는 더 이상 쫓아오지 못하고 포기하고는 집으로 돌아가셧다. 처음으로 반기를 든 사건이었다. 몇 시간을 밖에서 떠돌다, 어차피 한 번은 혼나야지 하고 집으로 들어갔는데 의외로 표정도 밝고 화를 내지 않았다. 그 이후로는 거의 야단을 맞지 않았다. 그때는 몰랐는데 이제는 그때의 어머님 마음을 알 것만 같다. 잘잘못을 떠나서 당신이 따라잡지 못할 만큼 커버린 아들이 대견스러우셨던 것 같다.

나도 작은 녀석이 같이 디자인을 하는데 나보다 늦게 배우고도 훨씬 더 잘하니 흐뭇하다. 이 기분이 아마도 그때의 어머님 마음이 아니었을까. 잠드신 어머님의 얼굴을 가만히 들여다보니 백발 한 올 한 올마다 검은 생기를 뽑아서 우리를 키우신 흔적이요, 주름진 골짜기마다 긴 세월 견뎌온 나이테로구나 하는 생각이 든다. 인생살이가 허무하다고 생각했던 좀 전에 생각이 갑자기 죄송스러운 마음으로 바뀐다. 내가 내 인생이 허무하다고 생각한다면 지금까지 산통을 감내하고 나를 키워주신 하늘 같은 부모님 은혜는 어찌 되는 건가, 그건 부모님과 가족들의 모든 수고와 사랑을 부정하는 것이 되기 때문이다.

끝을 알 수 없을 만큼 광대한 우주에 비하면 티끌만 한 크기의 지구별에서, 억겁의 시간 중에서 찰나에 지나지 않는 시간만을 살다가는 우리네 인생이지만, 순간이 이어져 영원이 되고, 쪼개고 쪼개면 나도 내 안에 수억만 개의 세포를 거느린 나도 하나의 작은 우주다. 오늘 하루도 분초를 다투며 치열하게 살아내고 있지 않은가, 그러고 보니 세상살이가 어느 것 하나 인과의 고리가 없는 것이 없다.

어느새 새벽 5시 자야 할 시간이 한참 지났는데 이 시간에 키보드를 두드리며 이런 생각을 끄집어내는 것도 한 달 전에 걸려온 한 통의 전화로부터 시작되었다. 아니 거슬러 올라가면 십여 년 전의 전화 한 통화가 시작이었다. 링크나우 커뮤니티에 가입하고 더골프라는 골프모임에 가입한지 며칠 지나지 않아 이원환 대표님의 전화를 받고 대화 몇 마디에 압구정 광운골프 아카데미 회원이 되고 거기서 이명지 교수님을 만났다. 그리고는 십여 년의 세월이 흘러 한 달 전 전화로 나눈 대화로 문협수필모임에 낭독이 되고, 그것이 시작이 되어 지금 이 시간 오늘 제출할 과제를 하고 있는 거다. 참 어찌 보면 전화 한 통화 말 몇 마디에 긴 인연이 시작되고, 그 열매가 끝이 어딘지를 모르게 익어 간다. 단순한 것 같지만 아마도 거기엔 억겁의 인연이 우리 영혼 깊은 곳에 안배되어 있는지도 모른다.

한 아파트에 살면서 몇 년을 오며 가며 마주쳐도 말 한마디 안 나누고 지나치는 사람이 있는가 하면, 한순간 우연히 마주친 사람도 오랫동안 그 얼굴이 기억나고 가끔씩 떠오르는 사람이 있다. 인간이라는 존재가 신비스럽기도 하다. 우주가 광대하든 억겁의 시간 속에 찰나의 순간만을 존재하든 중요한 건 내가 존재하는 이곳 이 순간이다. 때로는 하늘을 우러러 넓은 가슴으로 마음을 열기도 하고, 때로는 돋보기안경을 쓰고 깨알 같은 글자 속에서 타인의 흔적을 더듬어 나의 인생을 다듬어가는 그 삶 그 인생이 두 번 다시 오지 않을 나의 인생이다.

그러 할진대 인간의 삶이라는 것 그 가치란 것이, 크기로 따지고 시간의 길이로 논하고 상대적으로 행불행을 논하는 것이 참으로 어리석다는 생각이 든다. 무언가에 집중할 수 있고 어디서

든 나의 가치를 발견해 내고, 늘 긍정적으로 살아나가는 나를, 사랑하며 보듬고 만족한다면 그건 성공한 인생이란 생각을 해 본다. 그럴 때 나의 마음이 따뜻해지고 흡족해지기 때문이기도 하다. 가끔씩 나는 나만의 잣대를 가지고 나에게 후한 점수를 준다. 기준도 내가 정하고 채점도 내가 한다. 스스로 기를 살려 주곤 하는 것이다. 내 인생 내가 사는 것이고 나에게 가장 관심이 많고 나를 가장 잘 아는 게 나이기 때문이다.

깊은 인연

하루 일상의 거의 대부분에 늘 함께하는 휴대폰은 모든 소통의 창구이기도 하고 정보 전달의 첨병이다. 스팸도 많이 들어오지만 그렇다고 확인을 안 하고 지나가기도 어렵다. 가끔은 긴가민가 하는 경우도 많다. 문자가 들어온다. "전▇▇ 사장님 부고 문자 보내드립니다." 모르는 이름이다. 스팸 문자 일지도 몰라 선뜻 클릭하기가 망설여진다. 내 전화번호부에는 오천여 개의 연락처가 저장되어 있다. 그중에는 기억이 가물거리는 고객 전화번호도 많아 혹시나 해서 검색해 보니 연락처에는 없다. 스팸이나 잘못 온 문자려니 생각하고 삭제하려다가 스팸이 아닐 수도 있다는 생각이 들어 결국엔 클릭하고 말았다. "고 전▇▇ 60세" 그 아래 상주란의 배우자 이름에서 순간적으로 전율을 느꼈다. 너무나 익숙한 이름이었다. 어째 이런 일이, 수개월 전에 통화할 때 자신이 암 치료를 마치고 회복 중이라 했는데, 그 목소리가 쓸쓸하고 여려서 마음이 아팠었는데, 그래서 완쾌와 행복을 기도했는데, 남편의 부고라니….

지나온 날들의 기억을 되살려 보니 몇 년 전에 이혼했다는 소식을 들었고 얼마 전에는 재혼했다는 소문도 들었지만 그런가 보다 했는데, 그것이 모두 현실이 되어 뚜렷한 상황으로 불쑥 나타난 것이다. 부고를 읽어보니 친구 남편은 친구보다 오 년이나 연하다. 여러 가지 생각이 교차한다. 나보다 먼저 골프를 시작했고 골프도 잘 치고 애교도 있고 사교성도 있고 매력적이었다. 인생을 즐기기 한참 좋은 나이에, 팔팔해야 할 연하의 남편을 잃었으니 얼마나 슬플지 짐작조차 가지 않는다. 60세의 소천이니 사고나 지병일 수도 있고 혹여라도 자살이라면 남겨진 가족들의 상처는 이루 말할 수 없을 것이다. 한 가정의 가장으로서의 무게가 고스란히 전해져온다. 밤새 이런저런 생각들로 잠을 설쳤다. 같은 시기에 태어나 살다 보니 부모님 연세도 아이들 나이도 비슷하고 그러다 보니 경조사도 비슷하게 흘러간다.

그러기에 애경사가 있을 때마다 희로애락의 감정이 그대로 전이된다. 특히나 친구들의 문제는 그 전이도가 특별하다. 언제 문상을 가야 하나 망설이다 일단은 친구 이름으로 되어있는 계좌로 조의금을 먼저 송금했다. 오후가 되어 조금은 안정을 찾았겠지, 하는 생각이 들어 전화를 걸었다.

부고장에 상주 전화번호까지 적혀있는데 원래 전화번호와 다르기에 이상하다 생각하면서도 나부터도 전화번호가 세 개나 되니 그럴 수도 있겠지 하고 적힌 번호로 전화를 걸었다. 벨소리가 울리기를 몇 번, 수화기 너머로 가라앉은 목쉰 듯한 음성이 들려온다. 상황을 고려한다 해도 낯선 음성이기에, 누구 아니냐고 물으니 맞는다고 한다. 그래도 이상해서 어디에 살던 누구 아니냐고 재차 물으니 아니라고 한다. 이름은 같은데 목소리가 다르고 출생지도 다르면, 그러면 같은 이름 다른 얼굴, 결국은 잘못 온 문자 하나에 이틀을 온갖 상념 속에서 초등학교 시절, 수학여행, 동창회, 그리고 미래까지도 걱정을 했다. 헛웃음과 더불어 안도의 숨이 쉬어졌다. 내가 진정 이 친구를 아끼고 있구나 하는 생각이 들었다. 그가 어찌하여 이혼을 했든, 재혼을 했든, 도덕적 사회적 관점은 제쳐 두고, 그의 행복만이 중요하다는 생각을 했었다. 이미 내 손을 떠난 조의금은 한 사람에게는 조의금으로, 한 사람에게는 부활의 축의금으로 보냈다는 마음으로 정리를 한다.

인연에는 보이는 인연, 보이지 않는 인연이 공존한다. 전혀 모르는 사람의 휴대폰에 내 전화번호가 저장되어 있었고, 그 배우자의 이름이 내 친구의 이름과 같고, 또 내 친구가 그 상황과 부합될것 같은 삶을 살았다는 우연의 일치, 과연 이런 상황이 벌어질 확률이 얼마나 될까?

세상은 더불어 사는 것이다. 내 주위의 모든 사람, 모든 인연은 보이든 보이지 않든 소중한 인연들이다. 언제라도 그것이 보이는 인연으로 바뀔 수 있기 때문이다. 마치 우리가 마시는 공기가 오염되면, 모두에게 고통이 오듯, 인연은 공기와 같아서 주위의 인연들이 아파지면 함께 아파지는 것이 세상의 삶이다. 같은 이름 다른 얼굴이지만, 두 사람 모두에게 느끼는 안쓰러움은 별반 차이가 없다. 어쩌면 둘 다 깊은 인연일지도 모르기 때문이다.

바람

나는 지금 제대로 살고 있는 것인가? 갑자기 받아 안은 화두가 요즘 내 마음에 가득하다. 건강에 적신호가 온 탓일까? 과로가 누적되는 생활이 어제오늘 일이 아니긴 했지만, 나름대로 운동과 기 수련을 통해 건강은 잘 유지되고 있다고 믿어왔다. 그런데 요즘 들어 식후에 밀려드는 피로감이 심하다 싶어 병원에서 혈당검사를 했더니 당뇨 초기 단계란 진단과 함께 콜레스테롤 수치를 낮추는 약을 처방해 주었다.

당뇨, 고혈압, 비만 등 대표적인 성인병으로부터 자유롭다 싶었는데, 이제 한 축이 무너졌다는 상실감이 무겁게 밀려왔다. 의사의 주의 사항은 첫 번째가 음식 조절, 두 번째가 운동이라고 했다. 매일 아침 식사 대용으로 사과를 먹어왔고 과수원에서 맛 좋은 사과를 주문해 쟁여 놓았는데 사과도 홍시도 이제 자제하란다. 여태껏 가려본 음식이 없고 특히나 소고기보다 삼겹살 식감을 즐겼는데 이제는 그것도 관리 대상이 되었다. 당장 아프거나 심한 증상은 아니기에 크게 걱정할 단계는 아니지만 먹을 자유를 구속받는다는 게 우울감으로 다가온다. 바로 채소 위주로 식단이 바뀌고, 운동을 등록해 근육량을 늘리는 근력 운동도 시작했다.

평화가 지속되면 안보가 불안해진다. 위기는 기회와 함께 온다고 한다. 이 기회에 건강을 되찾고 싶었다. 그동안 마음은 청춘이어서 몸의 나이를 따라잡지 못했으니 이제 내 상태를 제대로 알고, 인정하고, 그리고 유지 보수에 많은 노력을 기울여야겠다는 결론을 냈다.

보름 정도 열심히 관리했더니 공복 혈당이 30% 정도 내려가 정상 수치가 되었다. 안심하고 다시 동창회와 가족 외식 등 종전대로 마음껏 먹고 아침에 측정하니 다시 관리 전으로 원위치가 되어있어 한숨이 나왔다. 이 전쟁은 쉽게 끝나지 않을 평생 안고 가야 하는 장기전이라는 생각을 하며 각오를 다잡는다. 건강이 무너지면 당장의 생활도 불편하지만, 경제적으로도 많은 영향을 받게 된다. 건강이 가장 큰 자산이고, 건강관리가 모든 관리에 으뜸이라는 건 진리이다.

용불용설과 곳감 학설이 있다. 사용할수록 능력이 향상된다는 용불용설은 청년기까지이고, 곶감 빼먹듯 자원이 소모된다는 곶감 학설은, 이제 나에게 해당하는 이론으로 받아들여야 한다. 시력이든, 뇌력이든, 심력이든, 체력은 이제 유지 보수를 잘해야 하는 자원이 되었다. 인생에 있어 정말 중요한 것이 무엇인가라는 생각을 해본다. 마냥 활동 기한이 남은 걸로 생각했던 나의 유효 기한이 갑자기 확 줄어든 것 같은 생각이 든다. 경제활동이 가능한 것이 꼭 인간의 효용 가치는 아니지만 왕성한 활동력이 인간다운 삶에 많은 영향을 주는 건 부인할 수 없다. 공직에 있거나 월급 생활을 하던 친구들은 벌써 몇 년 전에 퇴직해서 이미 정년이 지났지만, 나는 자영업이기에 아직도 활동 기한이 많이 남았다 생각했다.

산다는 것이 경제 활동이 다가 아닌데, 아직도 일에 치우쳐 있는 생활을 하는 나는 무엇을 위해 사는가 하는 생각이 들었다. 어릴 적 꿈이 생각난다. 나이 오십이 될 때까지 가족들 살 만큼 준비해 주고 방랑 시인 김삿갓처럼 세상을 주유하며 책을 읽고 글을 쓰며 살고 싶었던 소박한 꿈이. 나는 진정 무엇을 위해 살았고, 앞으로 무엇을 위해 살 것인가? 나는 잘 살고 있는가? 스스로에게 묻다가 불현듯 뚜렷한 목표 없이 하루하루 일에 매달려 살고있는 내가 안쓰럽다는 생각이 들었다.

갑자기 초라해진 내 모습에 스스로 등을 토닥여 보려고 그동안 의미 있게 살려고 애써온 자랑거리를 찾아본다. 10년 동안 봉사해온 사회복지단체가 이번에 사단법인으로 발족하였는데 등기 이사로 참여하게 돼 봉사에 좀 더 힘을 보탤 여건을 마련하였고, 마음 맞는 지인들과 함께하는 영리사단법인에도 주주로 참가하여 새로운 비전을 열어가는 길에 동참하게 되었다. 특히 글쓰기 공부를 시작해 소싯적 꿈에 한 발 더 다가가고 있는 나의 모습을 보니 아주 헛살고 있은 건 아니구나 싶어 조금 위안이 된다.

이제 남은 삶은 옆도, 뒤도, 돌아보며 걸어야겠다. 나는 아직 육십 대, 더 뜨거워도 괜찮은 나이, 그 뜨거움은 나를 위한, 나의 가슴에서 솟아나는, 나의 순수한 바람이어야겠다고 다짐하고 보니 헛헛하던 마음이 온기로 차오르는 것 같다.

손이 가면 마음도 따라간다

누군가의 손을 살포시 잡아주거나 가볍게 포옹하는 것을 좋아한다.

언제인지는 모르겠지만 누군가가 나의 손을 잡아주었을 때 그 따스한 체온과 그를 통해서 전해졌던 포근한 마음 그로부터 느껴지는 호감이 그와 나를 가깝게 하고 마음을 열게 했다. 살아 숨 쉬는 에너지를 통해 나를 발견하게 해주며, 그 순간의 좋은 느낌이, 나의 가슴에 새겨졌던 좋은 추억이 그립기 때문일 수도 있다. 어쩌면 그보다는 따스한 손길이 그리워지는 나이가 되었는지도 모른다. 아쉽지만 뜨거운 열정은 밀려나고 그 빈자리를 따스한 손길로 채우는 전환기라고나 할까.

시골에 가면 노모의 손을 꼬옥 잡아준다. 어릴 적엔 어머니의 손길이 세상 전부였지만 이제는 이 아들을 의지하라는 무언의 표현이다. 가끔씩 아버지도 안아 드리고 싶을 때가 있다. 그럴 때는 가슴이 아리다. 늘 당당하고 넘을 수 없는 벽처럼 견고한 아버지였는데, 늘 그러실 줄로만 알았는데, 팔십 중반을 넘기시고 나니 이제는 내가 안아드려야만 할 것 같아 못내 안타깝다.

그러면서도 아직 안아 드리지 못했다. 부모와 자식 간인데도 연습이 필요한가 보다. 습관적으로 포옹하고 거침없이 볼을 비비는 외국의 풍습이 부럽다. 다른 건 다 잘도 받아들이고 모방도 잘하면서 이것만큼은 왜 이리 안 될까 괜히 원망스럽다. 어쩌면 아버지와 아들은 태생적으로 가깝고도 먼 사이기 때문일 수도 있겠지만 어찌 됐든 손길이 가는 건 마음이 가는 거다. 마음 줄 곳이 많다는 것이 감사하다. 세월은 기다려주지 않았다. 아버님을 뜨겁게 끌어안고 대성통곡을 한 것은 아버님을 떠나보내는 마지막 순간에서였다. 살아생전에 좀 더 잘해 드리지 못한 회한의 눈물이었다.

손길은 참으로 많은 힘을 갖고 있다. 때로는 뜨겁고 때로는 따스하고 때로는 부드럽고 그래서 나는 누군가의 손을 잡는 것을 좋아한다. 그 손길엔 우정도 사랑도 다 있기 때문이다. 가끔씩 초등학교 때의 여친들을 만나면 스스럼없이 손을 잡는다. 전해져오는 느낌은 분명 이성이고 따뜻하면서도 묘한 느낌이 온다. 그럼에도 서로 간에 거부감이나 어색함은 없다. 어린 시절로 돌아가는 느낌이다.

갱년기를 지나 같이 중성화되어가는 나이이기에 분별이 적어서인지 아니면 부족한 반쪽 에너지를 본능적으로 원해서인지는 몰라도 어쨌든 그 손길이 그 느낌이 좋다. 친구들도 그랬으면 좋겠다. 어린이로 돌아가는 게 최고의 완성이라 하지 않던가.

우리는 서로 연결되어 있다

이명지 교수가 '수풍'동인들의 글을 보내주겠다 했을 때 처음엔 그저 그러려니 했다. 초보들의 글이니 어쩌면 그게 자연스런 일이다. 그런데, 이런! 여섯 주먹들에게 뒤통수 제대로 맞았다. 둔통을 느끼면서도 나는 그들의 배반(?)에 대한 반가움이 매우 컸다. 등단 경력이 글 솜씨와 반드시 비례하는 건 아니며 숨은 글쟁이들이 많다는 건 알고 있었지만, 바로 이분들이야말로 명실공이 숨은 글쟁이들이었다. 글 동지가 된 당신들께, 이런 장한 제자를 두신 이명지 교수께 우선 축하의 박수를 보내드린다. 내 질투도 고명으로 살짝 얹는다.

나는 이들이 동인지를 엮으며 느꼈을 그 기분을 십분 상상할 수 있었다. 자신의 글이 처음으로 활자화 되어 한 권의 책으로 엮어졌을 때의 심정을 나도 일찍이 경험했으니까.

열과 성을 다해 써나간 여섯 분의 글들은 저마다의 자리에서 각각의 개성과 관심사와 문체로 빛났으나 이원환 님의 '점과 점선'을 읽을 때 내 가슴의 스파크가 특히 강열했다. 유사한 생각과 생각의 만남에서 오는 희열이었을 테다. 필자가 채송화 씨앗을 전자현미경으로 확대해보는 장면에선 잠시 숨이 멎기도 하였다. 해보고 싶었던 걸 못해본 자가 느끼는 반가움과 미시의 세계에 대한 경이로움 때문이었다. 작품을 평하는 객관적 기준은 있겠지만 여기서의 촌평은 독자로서 느낀 나의 사견이란 점을 미리 밝혀두고 싶다. 작품에 대한 기호는 저마다 다르니 글의 우열을 가름하는 것은 아니란 점을.

아무리 피하고 싶어도 방법이 없는 마흔의 나이와 차라리 정면충돌을 하기 위해 히말라야로 떠난 이수진 님의 글에서도 유사한 동질감을 느끼며 마음의 박수를 보냈다. 내가 육십이 되었을 때 움츠러들기 싫어 "그래, 나, 나이 많이 먹었다, 어쩔래?" 하며 결기를 다지던 생각이 떠올라 미소가 절로 나오기도 했다. "난 마흔을 맞이하러 히말라야로 간다. 이 질척거리는 것들아!" 라고 일갈하는 화자의 강한 개성이 글의 매력을 더해 준다. 톡 쏘는 콜라의 맛 같지 않은가.

전혜경 님의 작품은 그 누구도 피해갈 수 없는 우리 시대의 핫한 문제를 다룬 점이 좋았다. 수필은 개인사에서 출발하지만 일개인의 사건에만 머물러서는 공감 확대가 어렵다. 한데 이 글은 고령화 사회의 말년 풍경과 문제를 짚음으로써 사회적 수필로까지 확장되었다. 정말이지 우리 모두는 언제까지 살아야 안 미안할까?

서희정 님의 작품에선, 음악과 문학은 분야가 다른 예술이지만 내공을 쌓는 일은 같은 길임을 새삼 느끼게 해준다. '피아노는 누가 어떻게 연주하는지에 따라 소리의 색깔이 다르다'나 '연습이라는 놀이를 하다 보면 이 친구는 기막힌 소리와 공명으로 나를 소름끼치게 할 때가 있다'고 한 대목이 그러했다. 이미 피아노를 통해 이런 도를 터득한 화자는 머잖아 수필에서도 그런 경지와 조우하며 유사한 전율을 느끼게 될 날이 오리라고 믿는다.

'나도 남자 있다'는 도발적 제목 아래 글을 써나간 손병미 님은 여행지에서의 풍경과 사건에 읽힌 심리 서사를 치밀하도록 섬세하게 잘 풀어내어 글의 내용이 영상으로 자연스럽게 펼쳐지는 듯 했다. 문장도 유려하고 읽는 재미가 쏠쏠했기에 나도 모르게 독백이 나왔다. 왜들 이렇게 잘 쓰는 거야?

이에 못지않은 제목으로 필자를 유혹한 최석호 님의 글 역시 일단 제목이 독자를 쉽게 걸려들게 한다. 도입부도 뭔가 일을 낼 것만 같은 긴장감이 감돈다. 그러나 읽다 보니 스물두 살에 서른 셋 장남과 결혼하여 현재는 갱년기를 겪고 있는 아내에 대한 화자의 소회를 풀어낸 글이다. 아내와 연애 기분을 느끼며 설레고 싶다는 화자의 마음이 억지스럽지 않게 전달되어 읽는 이의 마음을 따듯하게 해주는 글이었다.

이렇듯 별처럼 많은 세상 사람들 속에서 우리는 자신의 생각과 겹쳐지거나 닮은꼴의 대상을 만날 때 내적 조우를 경험하며 기쁨의 빛을 발하게 된다. 당신들의 글들은 분명 누군가의 가슴에 가 닿아 또 다른 공감을 선사하리라 믿는다. 그런 신뢰를 여섯 분 모두가 내게 심어주었다.

글을 쓴다는 것도 결국 척박한 세상 속에서 독자를 향해 가며 '나'라는 점과 불특정 다수의 점들이 만날 수 있기를 소망하는 작업이 아니겠는가. 나는 인디언 부족의 인사말이라는 '미타쿠예 오야신'이란 말을 좋아하는데, 이 말은 "우리는 서로 연결되어 있다"는 의미를 지니고 있다고 한다.

이미 '수풍' 안에서 이어진 여섯 개의 점들이 나와도 새롭게 연결이 되었다. 여섯 점들은 또다시 세상의 다른 점들을 향해 나아가게 될 것이다. 집필에는 정년이 없다. 삶이 다 하는 그날까지 쓰고 또 쓰시기를 바란다. 그리고 글과 함께 당신들의 내면도 성장하시기를. 자신의 글이 확장될 때마다 세상 무엇으로도 대체할 수 없는 보람과 감사함이 그대들의 가슴에 넘칠 것이니….

동인지의 상재를 다시 한 번 축하드린다.

-민혜(수필가)